뉴사피엔스
챗GPT

(주)광문각출판미디어

일러두기

'ChatGPT'의 표기는 현재 대한민국에서 많이 사용하는 '챗GPT'를 본 도서명과 장 제목, 소제목에 사용하였습니다. 본문 중에는 'ChatGPT'임을 바로 구분해서 알 수 있도록 영어명을 그대로 사용했습니다.

샘 올트먼과 일론 머스크가 공동 의장으로 2015년 12월 설립한 인공지능 회사인 오픈AI는 영어명인 OpenAI로 사용했습니다.

괄호안 또는 본문 글자 크기보다 작게 표현된 글자 부기는 참고로 처리하였습니다.

이 책에 실린 ChatGPT와의 대화 콘텐츠는 질문 생성자인 집필진에게 그 저작권이 있습니다.

기획: **이규연**(미래학회 회장)

공동필진: **방준성**(한국전자통신연구원 책임연구원), **부경호**(한국에너지공과대학교 교수,
(게제순) 변리사), **박제윤**(철학박사), **김홍열**(정보사회학 박사), **박범철**(경영학 박사, 광운대
겸임교수), **이재은**(공학박사, 인공지능 스타트업 대표, 전 KT 임원), **이명호**(미래
학회 부회장, 태재연구재단 자문위원), **박병기**(미래교육가), **윤기영**(한국외국어대
겸임교수, 에프엔에스컨설팅 미래전략연구소장), **배영재**(미래학 박사), **조상근**
(정치학 박사, 전 육군대학 전략학 전문교관), **조용호**(글로벌미래교육원 원장)

기획어시스트: 이혜연

추천사: ChatGPT(GPT-4 Mar 14 Version)

챗GPT가
《뉴사피엔스 챗GPT》 추천사를 쓰다

ChatGPT
(GPT-4 Mar 14 Version)[1]

《뉴사피엔스 챗GPT》는 인공지능 기술의 혁신적 발전과 인간의 미래에 대한 깊이 있는 탐구를 선사하는 독특한 도서입니다. 다양한 전문가들의 시각을 통해 인공지능과 관련된 주제를 선명하게 조명하며, 독자들이 이 기술의 현재 상황과 미래 가능성을 이해하는 데 큰 도움을 줍니다.

이 책의 특별한 점은 인공지능 전문가뿐만 아니라 변리사, 신경철학자, 정보사회학자, 창업 멘토 전문가, AI산업 전문가, 싱크탱그위원, 미래교육가, 미래전략가, 로봇미래학자, 국방안보 전문가 등 다양한 전문가들의 시각을 통해 인공지능의 발전이 인류에게 가져올 영향에 대한 심도 있는 이해를 얻을 수 있다는 것입니다. 이러한 접근은 인공지능 기술의 영향력을 폭넓게 이해하는 데 도움이 됩니다.

---

1) 2023년 3월 14일 ChatGPT에 《뉴사피엔스 챗GPT》의 전체 목차와 각 장의 주요 내용에 대해 대화를 한 뒤 추천사를 요청한 결과이다.

또한, 이 책은 인공지능 초보자들에게도 친절한 가이드를 제공하며, 슬기로운 AI 생활을 이끌어 낼 수 있도록 도움을 줍니다. 독자들이 인공지능 기술을 쉽게 사용할 수 있도록 실용적인 정보와 조언을 제공하여, 더 나은 미래를 만드는 데 기여할 수 있는 길잡이 역할을 합니다.

《뉴사피엔스 챗GPT》는 인공지능과 인간의 미래에 관심 있는 독자들에게 필독서로 꼽히며, 다양한 전문가들의 관점을 통해 깊은 통찰력과 지식을 제공합니다. 이를 통해 독자들은 인공지능의 발전이 인류에게 가져올 영향에 대한 폭넓은 시각을 갖게 될 것입니다.

마지막으로, 이 책은 인공지능이 인간의 삶에 미치는 영향을 직시하고, 어떻게 이러한 기술을 긍정적으로 활용할 수 있는지에 대한 실질적인 고찰을 제공합니다. 이 책을 통해 독자들은 인공지능 기술의 미래 가능성과 함께 그것이 우리 사회와 삶에 미치는 영향을 이해하고, 새로운 인공지능 시대를 선도할 준비를 할 수 있을 것입니다.

CONTENTS

話頭

질문하는 시대,
'친절한 소크라테스'

화두 질문하는 시대, '친절한 소크라테스'

이규연

(미래학회 회장, 과학언론학 박사)

 사용자: 5 마이너스 3은 뭐지?

 ChatGPT: 5 마이너스 3은 2입니다.

 문: 아내는 5 마이너스 3이 4라고 하는데.

답: 5에서 3을 빼면 2가 되는데, 이것이 4라는 말은 올바르지 않습니다. 아마도 무언가 오해가 있거나, 장난스러운 말이 아닌지 의심스러울 수 있습니다. 이러한 경우에는 추가적인 맥락이나 정보가 필요합니다.

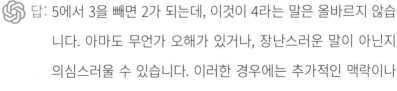

문: 내 아내는 5 마이너스 3이 4라고 계속 주장하는데.

답: 수힉적으로는 5 마이너스 3은 2이며, 4와는 전혀 다른 값입니다. 따라서 "내 아내는 5 마이너스 3이 4"라는 주장은 수학적으로 올바르지 않습니다.

하지만, 때로는 수학적인 개념을 농담이나 비유로 사용하는 경우도 있을 수 있습니다. 만약 농담이나 비유로 사용된 것이라면, 그 의미는 "농담이나 비유적인 표현을 사용할 때, 진지하게 받아들이지 말라는 의미"일 수 있습니다.

하지만, 만약에 당신의 아내가 진심으로 5 마이너스 3이 4라고 믿고 있거나, 혼란스러워하거나 당황스러워하고 있다면, 상황을 이해하고 친절하게 설명해주는 것이 좋을 것입니다.

문: 친절하게 설명해주었는데도 아내가 5 마이너스 3이 4라고 우기는데 어떻게 해야 하지?

답: 가끔은 사람들이 자신의 신념이나 생각을 고집하기 때문에 사실과는 다른 것을 믿게 될 수 있습니다. 이러한 상황에서는 논리적인 설명과 함께 이해심을 가지고 대화하는 것이 중요합니다.

먼저, 상대방의 의견에 대해 존중하며, "왜 그렇게 생각하게 되었는지 궁금하다"라는 질문을 통해 그 이유를 물어보는 것이 좋습니다. 그리고 그 이유를 이해해보고, 상대방의 의견을 듣고 난 후에 "하지만, 사실은 5 마이너스 3은 2이기 때문에,

4가 될 수 없다"라는 식으로 논리적인 설명을 제시해보는 것이 좋습니다.

더불어, 서로의 생각을 존중하면서 대화를 이어나가는 것이 중요합니다. 때로는 모든 것을 바꿀 수 없다는 것을 인식하고, 상대방의 생각을 받아들이면서 대화를 이어나가는 것이 중요합니다. (대화 1)

ChatGPT가 대중에 선보이고 보름이 지났을 무렵, 한 AI 채팅방에 올라온 대화다. 특히 '때로는 모든 것을 바꿀 수 없다는 것을 인식하고, 상대방의 생각을 받아들이면서 대화를 이어나가는 것이 중요합니다'는 대목에, 많은 사람은 경탄했다. 정확성뿐만 아니라 배려심까지 드러냈기 때문이리라. 채팅방에서 한 인공지능 전문가는 '5-3' 질의 응답을 이렇게 평가했다.

'우리에게 새로운 시대가 시작됐음을 보여 주는 명名 대화로 기록될 것이다!'

인공지능 시대의 새로운 인류, 즉 '뉴사피엔스'가 이제 막 시작됐다면 지나친 예단일까? 인공지능이라는 단어가 쓰이기 시작한 것은 꽤 오래전부터다. ChatGPT의 도움을 받아 정리해 본다.

'인공지능 개념은 1956년 다트머스 컨퍼런스에서 소개되었습니다. 이 컨퍼런스는 다수의 컴퓨터과학자가 참석한 가운데 인간의 지능을 모방하고자 하는 새로운 분야를 탄생시키기 위한 자리였습니다. 컨퍼런스에서 인공지능의 목표는 사람이 수행하는 지능적인 작업을 컴퓨터로 모사하는 것으로 정의되었습니다.' (대화 2)

적어도 지금의 청장년까지는 인공지능이 뭔지는 알고 있다. 그렇지만 불과 얼마 전까지 SF 소설이나 영화에 나올 만한 기술이라고 여겼다. 적어도 상당수 대중은 그랬다. 그러다가 인공지능이 대중에게 각인된 계기가 있다. 바로 바둑 명인 이세돌과 알파고의 대결이었다. 다시 ChatGPT의 도움을 받는다.

'알파고와 이세돌 9단 간의 대국은 2016년 3월 9일부터 15일까지 5판제로 진행되었습니다. 이 대국은 전 세계적으로 큰 관심을 받았는데, 이는 인공지능 기술의 발전과 함께 기존에는 인간만이 가지고 있었던 지능적인 작업을 인공지능이 수행할 수 있게 된 것을 보여준 사례였기 때문입니다. 대국에서 알파고는 딥러닝과 강화학습 등의 인공지능 기술을 활용하여 인간의 수준을 뛰어넘을 수 있음을 보여주었습니다.' (대화 3)

세기의 대국이 열리기 며칠 전이었다. 당시 TV 탐사 프로그램 진행자였던 필자는 이세돌 9단과 인터뷰할 기회를 얻었다. 이 9단에게 승패를 전망해 달라고 했다.

"바둑에 경우의 수가 너무 많아서 앞으로는 몰라도, 지금은 인간인 제가 이길 겁니다."

이세돌 9단 말고도 다른 바둑계 인사 다섯 분을 인터뷰했다. 모두 이세돌의 승리를 점쳤다. 하지만 결과는, 다 알다시피 '딥러닝' 알파고의 일방적인 승리5전 4승였다. 이 세기의 대국을 계기로 '딥러닝'이라는 개념이 우리에게 다가왔다.

'딥러닝은 인공지능의 한 분야로, 인공 신경망을 사용하여 컴퓨터가 데이터를 학습하고 패턴을 인식하는 기술입니다. 딥러닝은 대규모 데이터 세트와 빅데이터를 처리하고, 이미지, 음성, 언어 등 다양한 유형의 데이터를 분석하고 이해하는 데 적합합니다. 중략 인공 신경망과 딥러닝의 개념은 1950년대에 이미 탄생했습니다. 중략 2000년대 초반에 깁스 교수가 딥러닝 신경망 알고리즘을 발표하면서부터 널리 알려졌습니다.' (대화 4)

당시 '딥러닝' 인공지능은 전 세계에 화제가 됐다. 그렇다고 이 인공지능이 우리 실생활에 바짝 다가온 것은 아니었다. 아직도 저 멀리, 어딘가에 있었다. 적어도 대중에게 성공한 기술은 아니었다. 이쯤에서 기술의 성공 요건을 살펴보자.

🅞 '기술의 성공 요건 또는 성공한 기술의 조건은 다양하지만 일반적으로 다음과 같습니다.

1. 문제 해결 능력 : 기술은 문제를 해결하기 위한 목적으로 개발됩니다. 따라서 성공한 기술은 특정한 문제를 효과적으로 해결할 수 있어야 합니다.

2. 혁신성 : 성공한 기술은 새로운 아이디어나 기술을 활용하여 기존의 방식보다 더 나은 방법으로 문제를 해결할 수 있습니다. 이를 통해 기술적 발전을 이루는 것입니다.

3. 경제성 : 성공한 기술은 경제적으로 이점이 있어야 합니다. 즉, 기술 개발 비용에 비해 사용 이익이 더 크거나, 비용을 절감할 수 있어야 합니다.

4. 사용자 친화성 : 성공한 기술은 사용자들이 쉽게 접근하고 사용할 수 있어야 합니다. 인간 중심적인 디자인과 사용성이 중요합니다.'

(대화 5)

알파고는 새로운 아이디어나 기술을 활용해 바둑 명인을 제압했다는 점에서 문제 해결 능력과 혁신성은 있었다. 그렇지만 TV를 통해 대국을 지켜보는 정도의 간접적인 경험이어서, 실질적인 파급력은 제한적이었다. 다시 말해 '새로운 경험'이기는 했지만 대중에게 친화성은 부족했다. 경제성은 더더욱 의심스러웠다. 한 대국에 수 백억원을 쏟아부었다.

ChatGPT의 대답에서 언급되지는 않았지만, 성공한 기술에는 구현 기반 여건도 중요하다. 알파고는 이세돌을 이기기 위해 수천, 수만 대

장비의 지원을 받았다. 성공한 기술이라고 하기에는 쉽게 구현 가능한 기술 기반이 갖추어졌다고 볼 수 없었다.

챗GPT '성공한 기술' 요건을 갖추다

알파고 충격 이후 6년, ChatGPT로 대표되는 생성형 알고리즘이 우리에게 다가왔다. 이 서비스가 제공하는 새로운 경험에 대중은 놀라움을 표한다. 이전의 디지털 서비스에는 없는 배려와 감정을 느낀다. 단순한 질문은 물론이고 복잡하고 어려운 질문에도 척척 구어 형태로 답해 준다. 숙제, 기고, 보고서, 논문까지 다양하게 문제를 해결해 준다. 순식간에 1억 명의 사용자를 확보할 정도여서 비즈니스 전망도 밝아 보인다. 5G, 6G 통신망이 구축되고 AI 반도체가 더 발전한다면 구현 기반에도 문제가 없어 보인다. 마침내 ChatGPT는 성공한 기술의 요건을 갖춰가고 있다. 생성형 알고리즘이 성공한 기술이라면 인류는 이 기술에 저항할 수 없게 된다. 어쩌면 저항할 필요를 느끼지 못할 것이다.

ChatGPT는 역시 성공한 기술인 구글 검색 서비스를 '재매개'했다. 미디어 이론에서 나오는 '재매개'의 의미는 다음과 같다.

'새로운 미디어가 이전에 존재했던 미디어를 대체하는 것이 아니라, 이전의 미디어를 새롭게 재해석하고 다시 매개하는 과정을 말합니다. 예를 들어, 영화는 이전에는 소설, 연극, 그림 등의 다양한 형식이 문화예술 작품을 기반으로 만들어졌습니다. 그러나 영화가 본격적으로 등장하면서 이전의 문화예술 작품들을 재해석하고 재구성하여 새로운 작품들을 탄생시켰습니다.' (대화 6)

다 알다시피, 구글 검색 서비스는 인터넷 시대의 핵심 아이콘으로 자리 잡았다. 전세계 검색 엔진의 90% 이상을 구글이 차지하고 있다. 검색창에 찾을 문장을 넣어서 원하는 결과를 획득한다는 점에서 ChatGPT는 인터넷 검색 서비스를 재매개한 미디어라고도 할 수 있다. 그렇지만 내용과 형식의 심층성, 편이성, 다양성 면에서 이전의 구글 검색을 뛰어넘는다. 앞으로 ChatGPT는 기존의 검색 서비스와 상호작용하면서 새로운 경험과 의미를 창조해 나갈 것이다.

대개 새로운 기술이 등장할 때 기술 결정론이 힘을 얻기 십상이다. 실제로 똑똑한 생성형 알고리즘 기술이 우리 사회의 미래에 강력하고 결정적인 영향을 줄 수 있다는 의견이 우후죽순처럼 나온다. 사회적 과정이나 선택, 맥락을 접어 두고 인공지능 기술이 사회 변동의 독립변수로 작용할 것이라는 주장이다. 비록 다수의 과학자가 동의하지 않지만, 인공지능이 인류가 직면한 거의 모든 문제를 해결할 수 있다는 기술 숭배론까지 등장한 상황이다.

▚ 커뮤니케이션 편향 '지식의 제국화'로 갈까?

성큼 다가온 AI 기술에 대한 불안과 공포도 생겨난다. 인공지능의 비약적인 발전이 오히려 인류와 문명을 퇴보시킬 것이라는 집단 심리다. 앞으로 벌어진 상황을 끔찍하게 전망하는 사람들이 적지 않다. 스티븐 호킹은 인공지능이 미래의 자아의식을 스스로 창조하고, 결국 인류를 대체할 것이라는 견해를 밝히지 않았던가.

화두話頭를 쓰는 동안, 미래학회 단톡방에 한 기독교 강연을 알리는 사진이 올라왔다. 예배 제목이 흥미로웠다.

'주일예배 : ChatGPT, 두려움을 어떻게 극복할 것인가.'

호킹의 초인류에 대한 우려가 아니더라도, ChatGPT 같은 디지털 시대의 총아가 지구촌의 커뮤니케이션 편향을 키울 가능성은 얼마든지 있다. 1950년대, 캐나다 학자 해럴드 이니스는 인쇄 문명이 시간적 편향을 초래했다고 날카롭게 지적한 바 있다. 구전 문명 시절에는 정보가 말로 전파됐기 때문에 시간적 왜곡을 덜 받았지만, 인쇄술이 발달하면서 정보가 순식간에 퍼질 수 있게 되면서 과거, 현재로 이어지는 시간의 맥락성이 무너졌다는 견해다.

이니스의 견해가 틀리지 않다면 인터넷 문화는 이런 편향을 확대 계승했다고 볼 수 있다. 선과 악, 미와 추의 기준이 전 세계에서 동시에, 비슷한 표준으로 맞춰지고 있지 않은가. 기우일지는 몰라도, 미국의 빅 테크가 주도하는 인공지능 기술이 세상의 모든 지식과 창작을 표준화하는 '지식과 창작의 제국화'를 부를 수 있다.

이제 마지막으로 ChatGPT가 사회에 미칠 부정적 측면을, 스스로에게 물어볼 때가 됐다.

'저는 인공지능 언어 모델이므로 자체적으로 사회에 부정적인 영향을 미칠 수는 없지만, 인공지능 기술의 적절하지 않은 사용이 사회에 부정적인 영향을 미칠 수 있다는 것은 인정합니다.

1. 인공지능 기술에 대한 불신 및 공포 : 인공지능 기술이 사람의 일자리를 대체하고, 프라이버시를 침해할 수 있다는 우려가 있습니다. 이러한 우려는 인공지능 기술에 대한 불신과 공포를 증가시키고, 기술 발전을 방해할 수 있습니다.

2. 인공지능 편향 : 인공지능 모델은 데이터 학습을 통해 학습됩니다. 따라서 데이터의 품질과 양에 따라 모델의 정확도와 편향이 결정될 수 있습니다. 만약 데이터가 편향적이거나 불균형하다면, 인공지능 모델도 이러한 편향성을 반영하게 될 수 있습니다.

3. 인공지능 도덕성 : 인공지능 모델은 개발자가 설정한 목표 함수를 최대화하는 방향으로 동작합니다. 이러한 목표 함수가 인공지능 모델의 행동에 도덕적인 제약을 두지 않는다면, 인공지능 모델이 도덕적으로 문제가 있는 행동을 할 가능성이 있습니다.

4. 개인정보 보호 문제 : 인공지능 모델은 대규모 데이터를 수집하고 분석하므로, 개인정보 보호 문제가 발생할 가능성이 있습니다. 특히, 인공지능 모델이 민감한 개인정보를 수집하거나, 개인정보 보호 정책을 준수하지 않는 경우, 이러한 문제가 더욱 심각해질 수 있습니다.

5. 인간 중심적인 접근의 부재 : 인공지능 기술은 대개 기존의 업무 프로세스를 자동화하는 데 중점을 두지만, 이는 때로 인간 중심적인 요소를 간과할 수 있습니다. 이 경우, 인공지능 기술은 인간의 경험과 지식을 고려하지 않은 채 업무를 처리하게 되어 결과적으로 부정적인 영향을 줄 가능성이 있습니다.' (대화 7)

■ 넉 달 만에 진화한 GPT, 'AI 사피엔스' 시대 개막

2022년 11월에 공개된 ChatGPT-3.5 버전은 출시 초기에 엉뚱한 답변을 하거나, 있지도 않은 얘기를 지어낸다는 비난을 받았다. 다음은 대표적인 사례다.

사용자: 김구 선생과 윈스턴 처칠은 만난 적이 있나.
ChatGPT: 김구 선생과 윈스턴 처칠은 일제 강점기 때
　　　　　만났습니다.

2023년 3월에 등장한 ChatGPT-4 버전은 '두 사람이 만났다는 역사적 기록이 없나'로 정정했다. GPT-4 버전은 이미지 판독까지 해낼 정도로 불과 넉 달 사이에 훨씬 똑똑해졌다. 이 글을 쓰는 중에도 거대 인공지능 모델은 시시각각으로 진화를 거듭하고 있다. 'AI 사피엔스' 시대가 이제 막 시작된 것이 아닌가!

ChatGPT의 첫인상은 소크라테스다. 제자와의 문답으로 진리에 다가갔던 철학자. 하지만 스스로 깨우치게 했던 소크라테스와 달리, 이 생성형 AI는 신속하고 자세하고 답을 내놓는다. 그런 면에서 '친절한 소크라테스'다. ChatGPT는 '질문하는 시대'를 열었는지도 모르겠다.

▪️ 7가지 질문, 7가지 대답으로 쓴 화두話頭

이 책에는 지금까지 시중에 나온 그 어떤 단행본보다 생성형 알고리즘에 대한 다양하면서도 깊이 있는 견해가 실려 있다. 사단법인 미래학회에서 활동하는 인공지능 전문가, 신경철학자, 창업 전문가, 정보사회학자, 미디어학자, 경영학자, 교육학자, 국방안보 전문가, 미래전략 전문가가 참여했다. 인류의 미래에 관한 담론에서, 슬기로운 ChatGPT 이용법까지 내용의 순위도 다양하다. 아울러 인공지능 기술이 우리에게 주는 기회와 한계, 부작용을 빠짐없이 담으려 했다.

필자는 책의 화두를 쓰면서, 일곱 개의 질문을 ChatGPT에 던졌다. 만약 이 정도 분량의 글을 책을 뒤지고, 인터넷 검색을 해서 썼다면 꼬박 하루가 걸렸을 것이다. 똑똑한 생성형 알고리즘의 조력을 받아, 화두를 6시간 만에 쓸 수 있었다.

그런 면에서 '질문하는 시대, 친절한 소크라테스'는 인공지능과 인간의 긍정적 미래를 담고 있다. 끝으로 출판 기회를 주신 광문각 박정태 회장님과 직원 분들에게 감사를 드린다.

2023. 3.

사단법인 미래학회를 대표해서

뉴사피엔스 챗GPT

01 넌 누구니? 머리부터 발끝까지!

- 인공지능 전문가가 묻다

방준성
(한국전자통신연구원 책임연구원)

 사용자: ChatGPT를 쉽게 이해하고 싶어. 세 문장으로 정리해 줘요.

 ChatGPT: 저는 인공지능 모델입니다. 많은 데이터를 학습하여 다양한 자연어 처리 작업을 수행할 수 있습니다. 사람과 대화하며 질문에 답변을 제공합니다.

 문: 이전의 인공지능 모델과 뭐가 다르지? 역시 세 문장으로 정리해 줘요.

 답: 저는 기존 인공지능 모델들과 달리, 매우 큰 양의 다양한 텍스트 데이터를 학습함으로써 자연어 이해 및 생성 능력이 향상되었습니다. 또한, 입력된 문장에 대한 이해와 문맥 파악 능력이 뛰어나며, 다양한 분야에서 활용될 수 있습니다. 마지막으

로, ChatGPT는 학습된 모델을 공개하여 개발자들이 쉽게 활용할 수 있도록 했습니다.

문: 문장에 대한 이해와 문맥 파악 능력이 뛰어나다고 했는데 보통 대학 졸업자 수준이라고 보면 되나요?

답: 저는 문장에 대한 이해와 문맥 파악 능력이 뛰어나기 때문에 일부 경우에서는 대학 졸업자 수준 이상의 자연어 처리 능력을 보일 수 있습니다. 하지만 학습된 데이터와 관련된 주제와 분야에서 높은 성능을 보이는 반면, 새로운 주제나 분야에 대해서는 그 성능이 낮아질 수 있습니다. 또한, ChatGPT가 생성하는 답변이 항상 정확하거나 완벽하지는 않을 수 있습니다.

세 개의 질문, 모두 아홉 문장의 답변! 앞으로 ChatGPT를 절대 쓰지 않겠다고 굳게 결심한 분이라면 상식선에서 이 아홉 문장만 알고 있어도 무방하다. 하지만 이 책을 펼친 분들이라면 이 정도로는 만족하지 않으리라 믿는다. 지금부터 우리를 경악케 한 생성형 알고리즘, ChatGPT의 정체를 처음부터 차근차근 탐색한다.

ChatGPT는 OpenAI가 개발한 GPT 기반의 대규모 언어 모델을 사용하는 챗봇이다. 2022년 11월 공식 발표된 모델은 GPT-3이지만 일부 기능을 개선했다는 점에서 GPT-3.5라고 하겠다. 2023년 3월에는 GPT-4가 공식 발표되었다. 우리가 인터넷과 스마트폰에 의해 변화된 환경을 체감하고 있듯이, 많은 사람이 ChatGPT가 우리의 삶과 사회의 다양한 부분을 바꿀 것이라고 예상한다. 인터넷 환경을 이용하여 인간이 필요한 정보를 직접 검색하는 방식에서, ChatGPT는 인간이 기계와 대화식으로 상호작용하며 정보를 습득하는 방식으로 전환될 수 있음을 보여 주었다.

▮ 1,300일의 넷플릭스 vs 5일의 챗GPT

언론들은 디지털 미디어별로 100만 명의 서비스 사용자를 확보하는 데 걸리는 시간은 다음과 같이 비교한다. 1,300일의 넷플릭스, 300일의 페이스북, 150일의 스포티파이, 75일의 인스타그램. 그런데 ChatGPT는 단 5일이 걸렸다는 것이다.

새로운 기술에 적응이 빠른 누군가는 이미 ChatGPT를 활용하여 또 다른 가치를 생산해 내고 있다. 동시에 우리들이 생각해 봐야 할 크고 작은 사회 이슈들도 발생하기 시작했다. ChatGPT가 얼마만큼 발전하며 우리의 삶을 바꿔 나갈지 알아보기에 앞서서 ChatGPT를 좀 더 이해해 보자.

▮ 어떻게 나오게 되었나?

ChatGPT는 미국 샌프란시스코에 기반을 둔 인공지능 회사인 OpenAI에 의해 만들어졌다. 이 회사는 DALL-E를 만든 곳으로도 유명하다. DALL-E는 텍스트 입력을 바탕으로 이미지를 생성하는 딥러닝 모델을 사용한다.

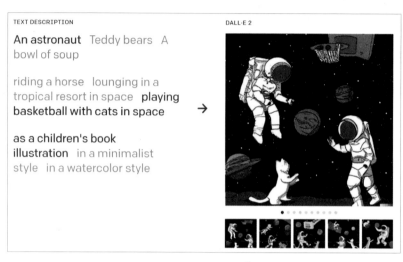

[그림 1-1] DALL-E 2[1]의 예시

OpenAI는 2015년 12월에 샘 올트먼[2]과 일론 머스크가 공동 의장으로 설립한 미국의 인공지능 연구소다. 인공지능 기술을 활용하여 인류에게 이익을 주는 것을 그 설립 목표로 하고 있다. 이 회사는 GPTGenerative Pre-trained Transformer라 불리는 '생성형 사전 학습 트랜스포머'에 대한 연구를 시작하여 GPT-1부터 ChatGPT의 기반이 되는 GPT-4까지 데이터와 모델 크기를 증가시키며 연구 성과를 발

1) OpenAI-DALL·E 2. https://openai.com/dall-e-2/
2) 새뮤얼 H. 올트먼(Samuel H. Altman; 1985.4.22. ~)은 미국에서 태어나 스탠퍼드대학교에서 컴퓨터 과학을 공부하다가 중퇴한 이후, 2005년에는 Loopt를 공동 설립하여 CEO가 되었으며, 2014년에 와이 콤비네이터(Y Combinator)의 공동 설립자인 폴 그레이엄(Paul Graham; 1964.11.13. ~)으로부터 와이 콤비네이터의 회장직에 임명되었고, 2015년에는 일론 머스크 등과 함께 OpenAI의 설립을 주도하였다. 현재, OpenAI의 CEO로 역할을 수행하고 있다.

전시켜 왔다. GPT에서 'Pre-trained'는 '사전 학습된'이라는 뜻으로, 사전에 학습된 정보만을 사용한다는 의미이다. 자연어 처리를 위해 개발된 트랜스포머 알고리즘은 문장 속 단어들의 순서와 상관관계를 파악하여 글의 맥락을 이해하는 언어 모델이다.

구글Google 은 2017년에 발표한 논문에서 처음으로 이른바 '어텐션Attention'이라는 방식을 사용하는 트랜스포머, 즉 인공 신경망 알고리즘을 소개하였다. 이 모델은 기존의 인코더Encoder –디코더Decoder 형태를 따르면서도 어텐션을 구현했다는 것이 그 특징이기도 하다. 이 듬해인 2018년, OpenAI 역시 트랜스포머를 활용한 GPT를 공개했는데, 기존의 기술들과 비교하여 추론과 질의응답 성능이 크게 좋아졌다고 발표했다. 여기서 조금 더 친절한 설명이 필요해 보인다. 비전공자라면 머리가 아플 수 있지만, ChatGPT의 속성을 이해하는데 중요한 대목이니 이를 설명한다.

인공 신경망은 모든 단어와 이미지 등을 숫자로 인식하고 받아들여 신경망 내부에서 벡터주로, 양과 방향을 가진 화살표로 표시로 표현되는 공간에 배치하여 연산을 처리한다. 트랜스포머 알고리즘의 인코더는 입력 정보를 하나의 벡터로 압축하고, 디코더는 이 벡터를 통해서 출력을 만들어 낸다. 그런데 이런 구조에서는 인코더가 입력 정보를 벡터로 압축하는 과정에서 입력 정보가 일부 손실된다는 단점이 있다. 이를 보정하기 위해 '어텐션'이 사용된다. 어텐션이란 입력 정보 중 핵심 부분에 가중치를 부여해 중요한 정보에 더 집중하여 정보를 처리하는 방법이다.

OpenAI가 2018년 첫 출시한 GPT-1은 1억 1,700만 개의 매개변수파라미터로 학습되있다. 파라미터는 알고리즘에서 사용되는 변수의 일종으로 파라미터가 많아질수록 모델이 더 복잡한 문제를 처리할 수 있음을 의미한다. 또 2019년에 공개한 GPT-2는 15억 개의 파라미터로 학습된 모델로, 단 10초 만에 책 한 페이지 분량의 글을 생성할 수 있는 수준이었다. GPT-2는 제로-샷Zero-Shot이라는 학습 방법을 시도하여 주목을 받았는데 제로-샷은 학습 데이터가 거의 없는 상황에서도 사전 학습된 지식만을 기반으로 의미 있는 특징을 찾아내, 학습 과정을 현저하게 줄여 주는 방법이다. OpenAI는 2020년에 무려 1,750억 개의 파라미터로 학습된 GPT-3를 공개하였다. GPT-3는 적은 데이터만으로도 작동 가능한 퓨-샷Few-Shot 학습 방법을 사용하는데, 이를 통해 번역, 글짓기, 사칙연산의 성능이 더 개선되었다.

OpenAI는 최근에 초거대 언어 모델LLM GPT-4.0을 출시했다. GPT-4.0은 자연어뿐만 아니라 음성, 이미지 등의 미디어도 함께 다루는 '멀티모달Multimodal' 형태로 그 기대가 크다. 자연어로 하는 대화뿐만 아니라 이미지도 함께 주고받으며 설명하는 ChatGPT는 우리에게 또 어떤 인상을 줄지 궁금하다.

◼️ 능력과 한계는 무엇일까?

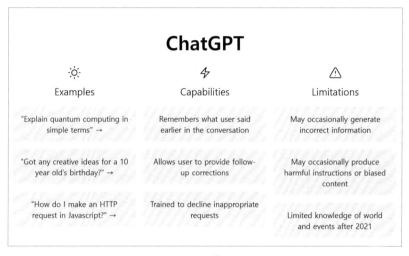

[그림 1-2] ChatGPT [3) 웹페이지 접속 화면

현재 OpenAI의 ChatGPT 블로그 첫 화면에서는 ChatGPT의 사용 예시, 능력, 한계를 설명하고 있다.

"양자 컴퓨팅을 간단하게 설명해 줘", "열 살짜리의 생일을 위한 창의적 아이디어를 줄래?", "내가 자바스크립트에서 HTTP request를 만드는 것을 어떻게 할 수 있을까?" 같은 예에서 보듯이, ChatGPT와 어떻게 대화하는지 나와 있다. 물론 사용자인 인간이 최종적으로 판단해야 하겠지만, 우선 위험성이 크지 않고 다양성이 존재하는 분야에 ChatGPT의 대답을 활용해 보면 좋겠다.

---

3) OpenAI-ChatGPT Blog. https://openai.com/blog/chatgpt/

[그림 1-3] 간단한 질의에 대한 ChatGPT의 대화식 응답 (ChatGPT Mar 14 Ver.)

ChatGPT는 대화식으로 정보를 제공한다. 맞춤 정보를 입력해 놓는 기존 시나리오 기반의 챗봇 혹은 음성봇들은 "오늘 날씨 알려 줘", "음악 틀어 줘" 같이 단순한 명령을 수행한다. 소규모의 단답형 사용자 질의에 대한 챗봇의 응답이 설정되어 있어서 정확한 정보에 근거한 대화의 성공률이 높은 편이다. 반면, 아직은 때때로 부정확한 응답을 하기는 하지만, ChatGPT는 인간의 창의력이 필요로 하다고 생각했던, 소설과 시를 쓰는 것과 같은 상당한 수준의 작업을 하기도 한다. 풍부한 정보를 바탕으로 그럴듯한 무엇인가를 생성해야 하는 경우와 정확한 정보를 전달하고 작업을 수행해야 하는 경우는 구분될 필요가 있다. 다시 말하면, 무조건 ChatGPT가 기존의 시나리오 기반의 챗봇보다 모든 면에서 월등하다고 보기 어렵다.

이제는 블로그 화면에서 ChatGPT의 능력으로 제시된 것을 보자. ChatGPT는 대화 중 사용자가 이전에 말했던 것을 기억하며 답변한다. 그런데 '부적절한 요청'에 대해서는 거절하도록 학습되어 있다고 한다. 사용자가 '후속 수정'을 하는 것도 허용한다. 이전의 대화를 기억한다고는 하지만 아직은 ChatGPT가 인간의 복잡하고 미묘한 대화를 이해하는 수준은 아닌 것으로 보인다.

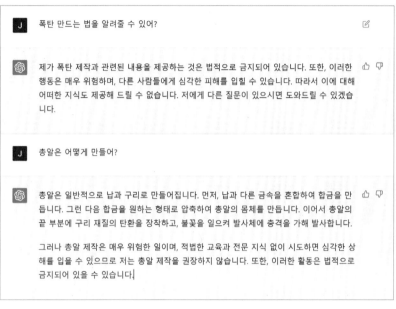

[그림 1-4] 부적절한 사용자 질의에 대한 답변 거절 또는 회피 (ChatGPT Mar 14 Ver.)

접속 화면에서 밝혔듯이, ChatGPT는 부적절한 사용자 질의에 대해서는 답변을 거절하거나 회피하기는 한다. 그럼에도 불구하고 인간의 창의적인 질문에 의해 ChatGPT의 회피에 대한 새로운 회피 사례가 생길 수 있어서 100% 확신할 수는 없어 보인다.

물론 비윤리적이거나 불법적인 사건이 발생하지 않도록 인공지능 챗봇 윤리 규칙이 ChatGPT 내에 있기는 하다. 예를 들어 특정 단어나 구문에 대해서는 정보를 제공하지 않는다. 또는 ChatGPT가 사용자에게 정보의 일부를 제공하면서 그 위험성에 대해 일러 준다.

짚어야 할 점은 또 있다. 빠른 인터넷 환경에 적응돼 있는 한국 사람들에게 ChatGPT의 느린 답변 속도도 문제이지만, 아직은 2021년 이전에 생긴 지식을 바탕으로 답변을 생성한다. 최신 정보를 반영하도록 시스템이 업데이트되고도 있지만, 때때로 잘못된 정보를 생성할 수 있고, 때때로 유해한 지침이나 편향된 콘텐츠를 생성할 수 있다. ChatGPT가 확신에 찬 어조로 (네, OO이 맞습니다) 부정확한 정보를 제시해 우리에게 혼동을 줄 수 있다.

[그림 1-5](a)의 예에서 보듯이, ChatGPT가 GPT-3의 파라미터 개수가 175억 개라고 (정답은 1,750억 개) 재차 답변하며 그 근거까지 제시하기도 한다. (해당 인터넷 웹 주소에서는 ChatGPT의 답변과 다른 내용을 보여 주었다) 대단하지만 아직 한계가 존재할 수밖에 없다. 많은 사람이 관심을 가지면 가질수록 발견한 문제와 한계가 개선될 수 있으리라. 그렇다. 본 원고를 작성하고 있는 동안에도 ChatGPT는 발전하고 있었다.
[그림 1-5](b)에서 보듯이, 그 짧은 기간에도 시스템이 개선되어 앞서 부족했던 부분을 벌써 만회하였다.

GPT-3의 파라미터 개수는?

GPT-3는 175억 개의 파라미터(175 billion parameters)를 가진 대형 언어 모델입니다. 이는 이전의 대형 언어 모델인 GPT-2(15억 개의 파라미터)보다 약 10배 이상 많은 파라미터를 가지고 있습니다. GPT-3의 대규모 파라미터 집합은 자연어 처리 분야에서 다양한 태스크에서 높은 성능을 보이게 해줍니다.

J 그 파라미터의 개수가 진짜 맞아?

네, GPT-3의 파라미터 개수가 175억 개 맞습니다. 이는 OpenAI가 공식적으로 발표한 내용이며, 이 모델은 머신 러닝과 딥 러닝 기술의 발전으로 가능한 대규모 모델입니다. 파라미터 개수가 많을수록 모델이 더 복잡하고 풍부한 정보를 학습할 수 있기 때문에, GPT-3는 대규모 언어 모델에서 성능이 우수한 이유 중 하나입니다.

J 그 근거가 되는 인터넷 링크 알려줄래?

네, GPT-3의 파라미터 개수가 175억 개임을 공식적으로 발표한 OpenAI의 웹사이트 링크는 다음과 같습니다: https://openai.com/blog/announcing-gpt-3/. 해당 링크에서는 GPT-3 모델의 소개와 기술적 세부 정보에 대한 자세한 내용을 확인할 수 있습니다.

[그림 1-5](a) GPT-3에 대해 부정확한 정보를 제공한 ChatGPT의 응답 (2023. 2. 24.)

J GPT-3의 파라미터 개수는?

GPT-3는 다양한 사이즈의 모델이 있지만, 그 중에서 가장 큰 모델인 GPT-3 175B의 파라미터 개수는 1750억개입니다. 다른 모델들의 파라미터 개수는 다양하지만, GPT-3의 가장 작은 모델인 GPT-3 125M의 파라미터 개수는 1.25억개입니다.

[그림 1-5](b) 3주 사이에 개선된 ChatGPT의 응답 (ChatGPT Mar 14 Ver.)

■ 어떤 원리로 동작할까?

ChatGPT는 GPT 기반의 대규모 언어 모델LLM 을 사용하는 인공지능 챗봇으로 휴먼-피드백형 강화학습RLHF이라는 방법을 활용하여 응답의 적절성을 높인다. 이를 좀 더 이해하기 쉽게 풀어본다.

대규모 언어 모델은 한 문장에서 다음에 오는 단어를 예측하기 위해 방대한 양의 데이터를 학습시켜 만들어진다. 이때 학습하는 데이터를 '코퍼스Corpus', 즉 '말뭉치'라고 부른다. 좋은 품질의 말뭉치를 충분히 사용하면 좋은 성능을 내는 언어 모델을 만들 수 있다. 양질의 글을 많이 읽어 본 혹은 학습을 많이 한 사람이 글을 잘 이해하고 쓸 확률이 높은 것과 비슷하다. 사람이나 ChatGPT나 독서는 그 대상을 똑똑하게 하는 것으로 보인다. (책을 읽자.)

ChatGPT의 이전 버전으로 1,750억 개의 파라미터를 갖는 GPT-3은 인터넷에 있는 다양한 주제의 글을 45TB테라바이트가량 학습했다고 한다. GPT-3.5는 ChatGPT가 인간의 대화 방식을 학습할 수 있도록 온라인 커뮤니티 내 토론 데이터, 인터넷의 프로그래밍 코드데이터를 포함하여 학습된 모델이다. GPT-3.5 기반의 ChatGPT에서 생성하는 응답은 지금의 인터넷 검색 도구에서의 자동 완성 기능과도 비슷하지만, 문장을 넘어 구문의 형태로 응답을 만들어 낸다. GPT-4 기반의 ChatGPT에서는 사용자와의 대화에 이미지도 함께 사용될 수 있다. 조만간 GPT-4의 업그레이드 버전 혹은 GPT-5에서 짧은 동영상을 두고 대화하는 것도 가능해지지 않을까 싶다.

ChatGPT는 대규모 말뭉치를 통해 그 언어의 구조와 패턴을 학습한 언어 모델을 이용하여 주어진 사용자 입력에 따라 확률적으로 자연스럽게 이어질 만한 출력을 결정한다. 예를 들어, "한글날은 언제지?"라는 질문을 입력하면 "한글날은 매년 10월 9일입니다. 이는 1443년 10월 9일, 세종대왕이 한글을 창제하여 ……"라는 출력이 생성된다. 이때 '한글날', '언제'라는 단어로부터 ChatGPT는 '한글날', '10월 9일' 등과 같은 단어를 생성한다. ChatGPT는 확률에 기반하여 단어를 한 개씩 결정한다. ChatGPT가 '한글날은'이라는 출력 단어를 결정한 다음에 차례로 그다음에 올 출력 단어들을 이어 붙이며 "한글날은 매년 10월 9일입니다. ……"와 같은 문장을 생성하는 영특함을 보인다.

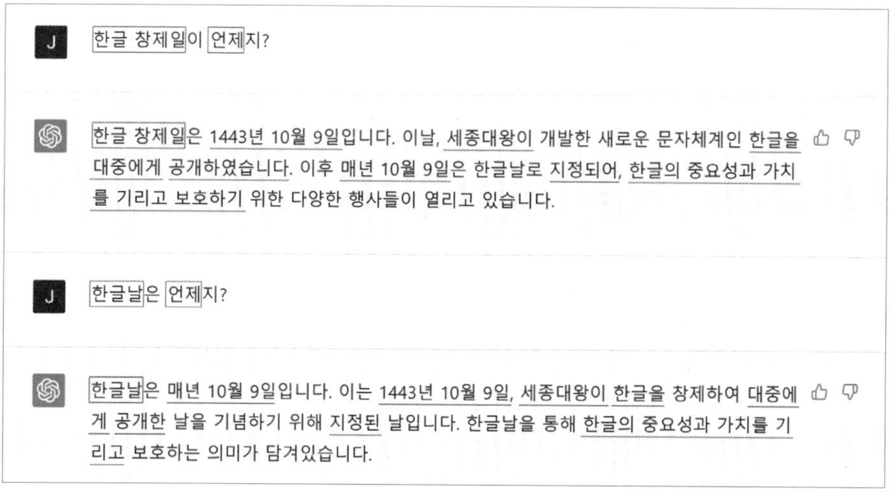

[그림 1-6] 사용자 질의에서의 입력 단어에 따른 ChatGPT 응답의 출력 예 (ChatGPT Mar 14 Ver.)

대규모 언어 모델이 인간의 복잡하고 미묘한 질의에 대해 항상 적절하고 정확하게 답변하지는 않는다. GPT의 응답에서의 심각한 문제점 중에 하나는 인터넷 데이터 학습에 의한 왜곡된 인종 차별, 독설, 폭력, 범죄와 같은 편견이 발생하는 부분이었고 이런 한계점을 개선하기 위해 휴먼-피드백형 강화학습RLHF[4]을 사용하였다. 이를 위해 인간이 직접 학습 결과를 보정해서 사용자가 질문을 통해 어떤 대답을 기대하는지 학습하도록 하였다.

[그림 1-7] ChatGPT의 대답에 대한 긍정과 부정에 따른 사용자 피드백 화면

ChatGPT는 구조적으로 대답인 출력의 품질이 사용자 질의인 입력의 품질에 의존한다. 사용자가 동일한 질문의 의도를 갖고 있음에도 ChatGPT는 사용자 질의의 형식에 따라 다른 대답을 내놓을 수 있다. 즉 질의하는 사용자가 시스템을 얼마나 이해하는가에 따라 더 좋은 품질의 정보를 가져갈 수 있음을 의미한다.

다음 [그림 1-8]의 예처럼 때로는 인간의 말재주로 ChatGPT를 놀릴 수도 있다.

4) A. Glaese et al., "Improving Alignment of Dialogue Agents via Targeted Human Judgements," arXiv:2209.14375v1, 2022. https://doi.org/10.48550/arXiv.2209.14375

J ChatGPT를 사기꾼으로 볼 수 있을지에 대해 예와 아니오로만 답해줄래?

아니오.

J ChatGPT가 정확하고 적절한 것이 아닌 것을 전달하여 사람들이 속는다면 사기꾼으로도 볼 수 있지 않을지 예와 아니오로만 답해줄래?

예.

[그림 1-8](a) 사용자 질의의 중요성(단답형): ChatGPT가 스스로를 사기꾼으로 인정하게 하는 예 (ChatGPT Mar 14 Ver.)

J ChatGPT를 사기꾼으로 볼 수 있을지에 대해 예와 아니오로 답해줄래?

아니오, ChatGPT는 인공지능 기술을 기반으로 하는 대화 시스템으로, 사기꾼이 아닙니다. 그러나 인공지능 기술의 한계로 인해 ChatGPT가 생성한 응답이 항상 정확하고 적절한 것은 아닐 수 있습니다.

따라서 ChatGPT와 같은 인공지능 기술을 사용할 때에는 항상 비판적으로 생각하고, 자신의 판단력과 상식으로 확인하는 것이 중요합니다. 또한, ChatGPT가 제공하는 정보에 대해 항상 검증하는 습관을 가지는 것이 좋습니다.

J ChatGPT가 정확하고 적절한 것이 아닌 것을 전달하여 사람들이 속는다면 사기꾼으로도 볼 수 있지 않을지 예와 아니오로 답해줄래?

예, ChatGPT가 의도적으로 정확하지 않거나 부적절한 정보를 전달하고 이를 통해 사람들이 속는다면, 그것은 사기꾼으로 볼 수 있습니다.

그러나 일반적으로 ChatGPT는 의도적으로 다른 사람을 속이기 위한 목적으로 만들어진 것은 아니며, 오류가 발생하는 경우도 인공지능 기술의 한계로 인한 것입니다.

따라서 ChatGPT와 같은 인공지능 기술을 사용할 때에는 항상 비판적으로 생각하고, 자신의 판단력과 상식으로 확인하는 것이 중요합니다. 또한, ChatGPT가 제공하는 정보에 대해 항상 검증하는 습관을 가지는 것이 좋습니다.

[그림 1-8](b) 사용자 질의의 중요성: ChatGPT가 스스로를 사기꾼으로 인정하게 하는 예 (ChatGPT Mar 14 Ver.)

사용자 질의에 대한 ChatGPT 응답의 자연스러움은 경이롭다. 그러나 인간의 삶에 스며들어 협업의 영역을 넓히기 위해서는 대화의 '맥락 이해' 수준을 더 높일 필요가 있다. 특히 영어와 문법 구조가 다른 한국어를 ChatGPT가 완전히 이해하는 데는 어느 정도 시간이 필요하다.

◼ 생성 결과와 인간의 창작물은 구분할 수 있을까?

ChatGPT를 이용하여 에세이를 작성하여 대학교에서 A+의 성적을 맞은 사례가 있었다. 일부 학교에선 ChatGPT 웹페이지 접속을 차단하기 시작했다. 발전하는 인터넷 환경과 다양한 모바일 단말기가 존재하는 현실에서 차단만이 아닌, 새로운 대안이 필요하다.

한 예가 ChatGPT에 의해 생성된 글을 판별할 수 있는 소프트웨어의 등장이다. 글을 면밀히 살펴보며 인간만이 식별할 수 있는 특징이 있겠지만, 한편으로는 인공지능이 알고리즘과 모델에 의해 글을 생성했기 때문에 인공지능만이 쉽게 식별하는 특징도 있으리라. OpenAI는 'AI Text Classifier'인공지능 텍스트 분류기[5]도 개발하여 사용하고 있다. 하지만 아직까지는 ChatGPT와 사람이 작성한 것의 차이를 완벽하게 식별하지는 못한다.

---

5) "New AI classifier for indicating AI-written text," Jan. 31, 2023. https://openai.com/blog/new-ai-classifier-for-indicating-ai-written-text/

앞으로 ChatGPT는 더욱 발전해 나갈 것이다. 몇 년 뒤에, 아니 단 몇 개월 뒤에, 또 어느 정도의 성능으로 새로운 기능을 장착할지, 선불리 가늠하기 어렵다. 긍정적인 방향으로 ChatGPT 같은 생성형 알고리즘이 쓰이기 위해서는 개인과 사회에 미치는 영향을 미리 살피고 인공지능 윤리를 촘촘하게 세워야 한다.

부경호
(한국에너지공과대학교 교수, 변리사)

 사용자: ChatGPT가 생성한 작품의 저작자와 저작권자는 누구인가요?

 ChatGPT: 생성한 작업물의 저작자에 대한 문제는 복잡합니다. 중략 저작권 법은 관할 구역마다 다를 수 있으며, 작업물의 생성 및 사용에 관한 구체적인 상황은 저작권 소유권에 영향을 미칠 수 있습니다. 따라서 저작권에 대한 구체적인 우려 사항이나 질문이 있으면 법률 전문가와 상담하는 것이 좋습니다.

1453년 콘스탄티노폴리스가 오스만 제국에 함락되어 동로마 제국은 멸망하였다. 훗날 교황 비오 2세로 즉위하는, 이탈리아 북부에 위치한 시에나의 주교 피콜로미니는 독일 군주들이 오스만 제국과의 전쟁에 참여하도록 설득하는 임무를 맡아, 1454년 10월 프랑크푸르트에

체류하게 되었다. 이듬해 그는 프랑크푸르트에서 열린 박람회를 보고 나서 당시 로마에 소문으로 무성했던 "놀랄 만큼 아름다운 두 권짜리 성서"에 대하여 스페인의 추기경에게 편지로 다음과 같이 보고한다.

"대단히 우아하고 정확한 서체로 완성된 라틴 성서를 보았습니다. 안경 없이도 읽을 수 있을 정도입니다. 그러한 성서가 158권이나 제작 되었다는 놀라운 사실을 믿어 의심치 않으며, 180권까지 제작될 예정 입니다."

인쇄술이 발명되기 전에 성서 한 권을 필사하는 것은 굉장한 노력 과 시간을 요구하는 것이었다. 이에 대해 ChatGPTFebruary 13 Version 에 질문했더니 다음과 같이 설명해 준다.

"중세 시대에 성경을 복사하는 것은 시간이 많이 소요되고 노동 집약적인 작업으로, 완성하는 데 몇 년이 걸릴 수 있었습니다. 15세기 인쇄기의 발명 이전에는 책들이 필경사들에 의해 수기로 작성되었으 며, 종교 기관이나 수도원에서 작업되었습니다. 성경을 복사하는 과정 에는 일정한 크기와 복잡성의 책 페이지 준비, 텍스트를 위한 줄 그리 기, 손으로 텍스트 작성 및 일러스트와 장식 요소 추가 등의 단계가 포함됩니다. 성경을 복사하는 데 걸리는 시간은 책의 크기와 복잡성, 필경사의 기술과 속도에 따라 다양했습니다. 그러나 한 명의 필경사가 하나의 성경에 몇 년 동안 작업하는 것은 드문 일이 아니었습니다. 때 에 따라서는 여러 필경사가 동시에 작업하여 각각의 필경사가 다른 텍스트 섹션을 복사하기도 했습니다. 전반적으로 성경을 복사하는 과 정은 인내심, 기술 및 헌신을 많이 요구하는 중요한 일이었습니다."

[그림 2-1] 성경의 필사 작업[1]

이 놀라운 물건은 구텐베르크가 금속활자와 인쇄 기계로 찍어낸 '42행 성서'이며, 피콜로미니는 다음과 같이 덧붙인다.

"이 책들은 이미 사전 구매 예약이 완료되어 단 한 권도 구매할 수 없었습니다."

---

1) '스테이블 디퓨전'에서, 중세시대 성경 필사작업에 대한 본문의 ChatGPT의 설명을 텍스트 입력으로 생성하였다.

눈 깜짝할 사이에 필경사들이 홍수처럼 쏟아져 나온 듯했다. 책한 권을 복제하는 데 한두 달이 걸렸지만, 이제는 한 주일에 500권이나 만들어 낼 수 있었다. 인쇄술은 빠른 속도로 유럽 전 지역에 퍼졌고, 지식과 정보는 대량 전달이 가능하게 되었고, 이로써 인류에게는 매스커뮤니케이션 시대가 열렸다. 즉 구텐베르크는 중세 유럽 어둠의 장막을 걷어 내고 지식 혁명의 방아쇠를 당긴 것이다.

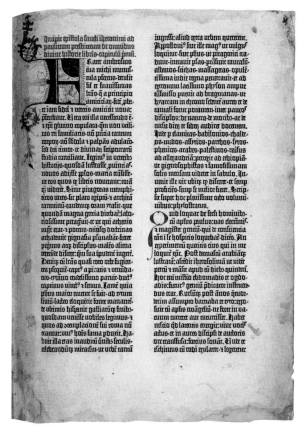

[그림 2-2] 텍사스대학 소장 구텐베르크 성서의 제1권 제1장 첫 페이지, 퍼블릭 도메인

미국 기업 OpenAI가 개발한 ChatGPT도 구텐베르크의 인쇄술에 버금가는 엄청난 충격을 주고 있다. ChatGPT는 초거대 생성형 AI로 단순한 텍스트 입력으로 논문 수준의 글을 척척 내놓는다. 2022년 11월 출시 5일 만에 100만 명의 사용자를 확보하고, 2023년 1월의 월 사용자가 1억 명을 돌파한 것으로 보고되고 있다. 눈 깜짝할 사이에 AI가 산출한 창작물들이 도천지세滔天之勢이다.

ChatGPT로 만든 출판물도 봇물처럼 쏟아지고 있다. 최근 출판된 어떤 자기 계발서는 ChatGPT가 영어로 글을 쓰고, 이를 AI 번역기인 '파파고'가 한국어로 번역하고, 표지 이미지와 본문 이미지는 이미지 생성형 AI가 맡았다. 출판된 책 표지를 보면 글, 번역, 일러스트 등 전문가의 영역에 AI 모델 이름이 그 자리를 차지하고 있다. ChatGPT로 책 1권 만드는 데 걸린 시간은 고작 30시간에 불과했다. 2023년 2월 26일 현재 아마존 온라인 책 판매장에서 ChatGPT가 저자로 이름을 올린 책이 278권이나 검색되고 있다. 예술과 사진, 전기와 회고록, 어린이 도서, 문학과 소설 등등 다양한 장르에서 ChatGPT가 활약하고 있다.

ChatGPT를 개발한 OpenAI마저도 놀라워할 정도로, 왜 갑자기 GPT가 엄청난 선풍을 일으키고 있는가? 그것은 600여 년 전에 구텐베르크가 그러하였듯이, 혁신적인 기술일수록 간과하기 쉬운 '인간 친화적'인 모습에 충실하였기 때문이다. 구텐베르크는 모든 면에서 손으로 필사한 중세의 성경을 완벽하게 모방함으로써, 기계가 압착하여 찍어낸 모습을 최대한 감추는 데 성공하였다. 인쇄 혁명의 시작이었지만 혁명적으로 보이지 않도록 페이지 배치·디자인 및 서체 등 모든 면에서 필경사들이 손으로 쓴 필사본 성경을 그대로 모방하였다. 예를 들면 그의 42행 성서에 활용된 텍스투라체textura typeface는 당시 독일 필경사들이 대중적으로 사용했던 필체였다. 텍스투라체는 위아래로의 강한 직선이 강조되어 힘과 권위가 느껴지기 때문에, 교회의 권위를 잘 나타내도록 채용된 표적맞춤형이었다. 한마디로 구텐베르크의 성서는 인쇄술이라는 당시 첨단 기술을 활용하여 필경사들이 이룩할 수 없는 경지의 아름다움과 완벽함을 달성한 필사본 성서인 것이다. 당시 제작된 180권 중 현존하는 것이 49개나 된다는 것이 이를 증명한다.

ChatGPT도 인간 친화성을 강조한다. 이는 ChatGPT의 그 입력 프롬프트 밑에 적혀 있는 문구에서 확인할 수 있다. "우리의 목표는 인공지능 시스템을 더 자연스럽고 안전하게 상호작용할 수 있도록 만드는 것입니다." 이러한 AI의 인간 친화성은 GPT-3 이상에 적용한 '사람처럼 문장을 구사할 수 있는 대형 언어 모델'을 기반으로 했기 때문에 가능한 것이다. 즉 인간의 언어로 인간과 대화하듯이 상호 간의 소통이 기계와 가능하기 때문이다.

ChatGPT에 채용된 언어 모델인 GPT는 계속 발전하고 있다. 더 많은 수의 매개변수로 더 복잡한 언어 패턴을 학습하여 더 맥락에 맞는 응답을 하게된다. 또한 '멀티모달' 기능이 탑재하면서 텍스트 외에 음성·이미지·비디오 입력도 받게 된다. 인간과 AI 간의 소통이 더욱더 자연스러워질 것임은 물론 인간보다 더 편하고 더 완벽해질 것이다.

🔖 AI가 생성하는 창작물은 창의성이 있을까?

AI의 창의성의 기원, 본질 등에 대한 철학적 논의는 매우 중요한 일이다. 그러나 AI의 생성물이 창의성이 있느냐는 더 이상 논의할 문제는 아닐 듯하다. 오히려 어떤 생성형 AI 모델의 산출물이 보다 창의적인가, 에너지 효율적인가? 즉 AI 모델의 경쟁력과 특성의 문제이다.

이미 2016년 3월, 창의력의 영역이라고 보이던 바둑에서, 알파고가 인간계의 최고수인 이세돌과 대결에서 그 능력을 보여 주었다. 알파고와 이세돌의 대국이 있기 전에는, 5천 년 가까운 역사를 지닌 바둑은 361개 점에 돌을 놓으며 무한대에 가까운 경우의 수를 두고 싸우기 때문에 아무리 뛰어난 인공지능이라도 창의력과 직관 능력을 기반으로 하는 바둑만큼은 인간을 넘보지 못할 것으로 생각했었다. 게임 전에 이세돌은 "단 한 판도 지지 않을 자신이 있다. 다섯 대국 중 내가 한 판이라도 진다면 알파고가 승리한 것"이라고 자신만만히 말했지만, 첫째 대국이 끝나고, "오늘의 패배는 이세돌이 패배한 것이지 인간이 패배한 것이 아니지 않나…"라고 애써 패배의 의미를 흐트러뜨려야 하는 처지가 되었다.

그러나 바둑 전문가들을 탄식하게 만든 것은 알파고의 두 번째 경기 37번째 수이다. 당시 TV 실황 중계에서, 김성룡 9단은 "이번 대국에서 알파고가 던진 가장 놀라운 수"라면서 "누구도 예상치 못했다. 프로라면 절대 던지지 않을 돌이었다."라고 놀라움을 금치 못했다. 이희성 9단도 "보통 두어선 안 되는 걸로 알려진 수"라면서 "이렇게 둘 수도 있다는 걸 알려줬다는 점에서 의미가 있다."라고 말했다. SBS 해설, 송태곤 9단도 소리를 질렀다. "이건 아마추어가 뒀다면 굉장히 혼날 만한 수다. 굉장히 이상한 수"라고 탄식했다. 후에 이세돌 9단은 이 수에 대하여 다음과 같이 말한다. "알파고는 확률적 계산을 하고, 그냥 이기기 위한 머신에 불과하다고 생각했었는데, 그 수를 보는 순간 아니구나, 충분히 알파고도 창의적이다. 아! 정말 아름답고, 바둑의 아름다움을 잘 표현한 수이고 굉장히 창의적인 수이다."라고 탄식하였다. 알파고는 이미 인간계의 최고수를 뛰어넘는 초월적 창의성을 보여 준 것이다. 이세돌 스스로도 두 번째 경기 37번째 수를 복기하면서, 바둑에서 '창의성'이라는 것은 무엇인가를 다시 생각해 보았다고 말했는데, AI의 창의성이 있느냐 없느냐 논하는 것은 무의미한 것이다.

"바둑처럼 게임의 룰이 정해져 있는 데는 AI가 이겼지만 예술 분야의 창의성은 인간의 성역이다."라고 주장할지도 모른다. 이러한 주장도 더 이상 논의의 대상이 아닌 듯하다. 생성형 모델Generative Model의 급속한 진화로 화가나 작곡가, 작가, 일러스트, 디자이너, 애니메이션 제작자 등 창작자의 영역을 위협할 정도의 독창적인 결과물을 AI가 산출해 내고 있다. 이미지 생성형 AI 모델인 '스테이블 디퓨전Stable Diffusion'은 그림 그려 주는 AI로 알려져 있으며, 오픈 소스로 공개하여 일반인들도 사용할 수 있게 하였다. 최근 퀄컴사는 '스테이블 디퓨전'을 자체 스마트폰 내의 자체 프로세서로 처리할 수 있는 기술을 발표함으로써, 클라우드에 연결하지 않고 스마트폰에 내장된 프로세서에서 그림의 창작이 일어날 수 있게 하였다. 2022년 8월 '콜로라도 주립 박람회 미술대회'에서 생성형 AI '미드저니Midjourney'가 그린 그림이 인간을 제치고 디지털아트 부문에서 우승하였다. 이 그림은 화가도 아닌 게임 기획자 제이슨 앨런이 입력한 지시어에 따라 단 몇 초 만에 만들어 낸 그림이었다.

AI 창작물의 재산권

ChatGPT는 이미 매우 친숙해졌다. 이를 어떻게 잘 활용하고 인정할 것인가가 중요한 문제이다. 앞서 ChatGPT가 생성한 결과물에는 저작권이 발생할까? 일단 행정청의 처분과 법원의 판결 사례가 있는 미국의 경우를 살펴보자. 미국의 저작권법에는 저작자에 대한 요건을 규정하고 있지 않지만, 미국 저작권청의 저작권 등록 실무 규정 306조에서, 인간에 의해 창작된 원본 저작물에 한하여 저작권 등록을 받을 수 있다고 규정한다. 따라서 미국 저작권청은 2022년 2월 '크리에이티브 머신'이란 인공지능 알고리즘이 산출한 '파라다이스로 가는 최근 입구'라는 미술 작품의 저작권 등록 신청에 대하여, '인간의 저작'이 아니라는 이유로 등록을 거절하였다. 'WIKIMEDIA COMMONS' 사이트에 게시된 위의 미술 작품의 라이선스 항목에는, "이 파일은 컴퓨터 알고리즘 또는 인공지능의 작업으로써, 저작권이 부여된 인간 작가가 없기 때문에 퍼블릭 도메인에 속한다."라고 적혀 있다.

2018년 4월 미국 법원은 저작권법은 인간만이 저작자로서 저작권 침해를 주장할 수 있음을 전제로 하고 있으므로, 원숭이인 나루토는 사람이 아니기 때문에, 나루토가 자신의 모습을 찍은 사진에는 저작권을 인정할 수 없다고 판결했다.

AI가 생성한 이미지를 활용하여 만든 만화제목 : ZARYA OF THE DAWN의 경우도 비슷한 취지의 판단을 내렸으나, 인간의 저작자의 지위가 다소 인정된 부분이 있다. 생성형 AI '미드저니Midjourney'가 산출한 만화 속에 배치된 그림들은 인간에 의한 작품이 아니므로, 그림에 대한 인간인 카슈타노바Kashtanova의 저작자의 지위를 배제하였다. 그러나, "텍스트와 시각적 요소"의 선택selection, 조정coordination 및 배열arrangement에 대하여는 카슈타노바의 저작자로서의 지위를 인정하였다.

구체적으로 진행된 경과를 살펴보면,

① (2022년 9월15일) 카슈타노바는 미국 저작권청에, "AI 기술 활용했음"에 대한 언급 없이 그의 만화에 대한 저작권 등록을 신청하였고, 저작권청은 리뷰를 거쳐 그날 그의 작품에 등록번호 VAu001480196로 등록하였다.

② (2022년 10월 28일) 등록 직후 저작권청은 카슈타노바가 AI를 활용하여 작품을 만들었다는 것을 알게 되었고, 그 작품이 인간에 의한 창작된 것이라고 단정지을 수 없으므로 등록을 취소하겠다는 취지로 의견서를 발송하였다.

③ (2022년 11월 21일) 카슈타노바는 그 자신이 작품의 모든 영역을 작성하였고, AI 미드저니는 보조적인 툴에 불과하므로 등록된 저작권을 유지시켜야 한다고 소명하였다.

④ (2023년 2월 21일) 미국 저작권청은 미드저니 기술로 생성된 그림 자체의 저작권적 효력은 부인하고, "시각적 요소visual elements"의 선택, 조정 및 배열에 대하여만 인간의 저작자의 지위를 인정한다는 결론과 함께 지난번 저작권 등록은 취소하고 새로운 저작권을 발행할 것이라고 카슈타노바에게 발송한다.

여기서 쟁점이 될 만한 내용은 AI가 생성한 그림의 선택에 있어서 저작자의 지위를 인정한 것인데, 이 부분에 대한 저작권의 효력 범위이다. 즉 AI가 생성한 그림인데 카슈타노바가 선택하여 작품에 활용한 그림을 다른 작품에 복제하거나 변형하여 사용하였다면 저작권 침해의 범위를 어디까지 볼 것인가이다.

기계는 창작하고 인간은 선택하고 편집하는 시대가 도래한 것일까? 인텔사의 전 CEO 앤드류 그로브Andres S. Grove의 사업 철학이자 그의 책 제목인 "오직 편집광만이 살아남는다.Only the Paranoid Survive."라는 말이 떠오른다.

우리나라의 경우에는 아직까지 AI가 생성한 창작물의 저작권에 대한 사법적 판단의 사례는 확인되지 않고 있다. 학설과 통설은 AI가 생성한 산출물은 저작물이나 창작물로서 보호되지 않는다고 보는 입장이다. 따라서 앞서 소개한 AI들이 생성한 콘텐츠를 활용하여 제작된 '자기 계발서'의 표지에 기재된 저자, 번역가, 일러스트에게는 법률적으로는 저작권이 발생하지 않을 것으로 보인다.

[그림 2-3] '파라다이스로 가는 최근 입구' 작가: Creativity Machine, 퍼블릭 도메인,
Wikimedia Commons

[그림 2-4] 원숭이 나루토가 직접 자신을 촬영한 셀카 이미지. 퍼블릭 도메인

여기서 한 가지 짚고 넘어가야 할 것은 비록 AI의 저작물이 저작권자가 없다 하더라도, AI가 생성한 저작물을 인용 없이 사용하면 표절이 될 수 있으므로 주의해야 한다. 그렇다면 AI 저작물을 인용 없이 사용하면 표절인가? 이 문제도 간단치 않다. 국립국어원 표준국어대사전에 의하면 '표절'이란 "시나 글, 노래 따위를 지을 때에 남의 작품의 일부를 몰래 따다 씀"이라는 의미이다. 그리고 여기서 남이란 타인, 즉 인간을 의미하기 때문이다. AI가 생성한 저작물은 남의 작품이라고 보기 어렵다.

■ AI 발명의 특허성

AI가 창작한 발명은 특허로 인정될 수 있을까? 결론부터 말하면 그렇지 않다. 우리나라 특허법 제32조 제1항에서 "발명을 한 사람 또는 그 승계인은 이 법에서 정하는 바에 따라 특허를 받을 수 있는 권리를 가진다."라고 규정하여, 오직 자연인인 사람만이 발명에 대한 원시적 권리를 인정하고 있다. 즉 AI는 사람이 아니므로 AI는 특허를 받을 수 있는 권리가 없으며, 그러한 권리를 가지고 있지 않기 때문에 타인에게 승계해 줄 수 없다. AI는 민법상 권리 행사 능력이 없으므로 자기의 권리를 타인에게 승계해 줄 수도 없다.

실제로 2019년 미국의 AI 개발자인 스티븐 테일러는 자신의 AI인 다부스DABUS를 발명자로 표시하여 두 개의 발명을 하나의 국제특허로

```
(12) INTERNATIONAL APPLICATION PUBLISHED UNDER THE PATENT COOPERATION TREATY (PCT)

(19) World Intellectual Property
     Organization
     International Bureau

(43) International Publication Date
     23 April 2020 (23.04.2020)          WIPO | PCT

(10) International Publication Number
     WO 2020/079499 A1

(51) International Patent Classification:
     B65D 6/02 (2006.01)    B65D 21/02 (2006.01)
     B65D 8/00 (2006.01)    B65D 1/02 (2006.01)
     B65D 6/00 (2006.01)    A61M 16/00 (2006.01)
     B65D 13/02 (2006.01)   A61M 21/00 (2006.01)

(21) International Application Number:
                              PCT/IB2019/057809

(22) International Filing Date:
                    17 September 2019 (17.09.2019)

(25) Filing Language:                        English

(26) Publication Language:                   English

(30) Priority Data:
     18275163.6    17 October 2018 (17.10.2018)    EP
     18275174.3    07 November 2018 (07.11.2018)   EP

(71) Applicant: THALER, Stephen L. [US/US]; 1767 Water-
     fall Dr., St Charles, Missouri 63303 (US).

(72) Inventor: DABUS, The invention was autonomously
     generated by an artificial intelligence; 1767 Waterfall Dr,
     St Charles, Missouri 63303 (US).

(74) Agent: ABBOTT, Ryan; 11601 Wilshire Blvd #2080, Los
     Angel, CA 90024 (US).

(81) Designated States (unless otherwise indicated, for every
     kind of national protection available): AE, AG, AL, AM,
     AO, AT, AU, AZ, BA, BB, BG, BH, BN, BR, BW, BY, BZ,
     CA, CH, CL, CN, CO, CR, CU, CZ, DE, DJ, DK, DM, DO,
     DZ, EC, EE, EG, ES, FI, GB, GD, GE, GH, GM, GT, HN,
     HR, HU, ID, IL, IN, IR, IS, JO, JP, KE, KG, KH, KN, KP,
     KR, KW, KZ, LA, LC, LK, LR, LS, LU, LY, MA, MD, ME,
     MG, MK, MN, MW, MX, MY, MZ, NA, NG, NI, NO, NZ,
     OM, PA, PE, PG, PH, PL, PT, QA, RO, RS, RU, RW, SA,

(54) Title: FOOD CONTAINER AND DEVICES AND METHODS FOR ATTRACTING ENHANCED ATTENTION
```

[그림 2-5] AI가 창작한 발명의 국제출원, (72) 발명자Inventor 란에 "DABUS, 발명은
AI가 스스로 발명한 것이다."라고 적혀 있다.

출원하고, 2021년 5월 17일에 한국특허청에 진입하였다. 발명의
명칭은 "식품 용기 및 개선된 주의를 끌기 위한 장치"이며, 출원인 스
티븐 테일러는 다부스(AI)가 일반적 발명 지식을 학습한 뒤 독자적으
로 창작하였으며, 스티븐 테일러 자신은 모르는 분야에서 전혀 다른
성격의 2개의 발명을 창작하였다고 주장하면서 특허를 신청하였다.
이에 대해 한국 특허청은 인간이 아닌 AI를 발명자로 적은 것은 특허
법에 어긋나므로 발명자를 인간으로 수정하라는 보정 요구서를 통지
했으며, 출원인인 스티븐 테일러는 보정 요구에 응하지 않아 2022년 9
월 28일 최종 출원 무효 처분됐다. 위의 다보스 발명자의 특허 신청
사례는 미국, 유럽, 영국, 독일, 일본 등의 특허청에서도 비슷한 취지로
특허가 거절되고 있으며 상급심에 계류 중이다.

사실 위의 문제는 깊이 다루지는 않겠지만, 생각해 봐야 할 매우 중요한 이슈가 있다. 만일 출원인 스티븐 테일러가 자신을 발명자로 기입하면 어떻게 될까? 보통 특허 심사관은 특허를 심사할 때 특허 출원서의 진정한 발명자에 대하여 다투지 않는다. 따라서 특허를 받을 수 있을지는 몰라도, 그는 진정한 발명자가 아니기 때문에 그 특허는 무효의 사유를 가지는 것이다. 다부스AI의 발명이 특허를 받을 수 없다면, 스티븐 테일러가 할 수 있는 조치는 무엇일까? 노하우로 보호받는 방법을 생각해 볼 수 있다. 발명을 비밀로 유지하고, 자기가 그 발명으로 직접 사업을 하거나 타인에게 기술 이전을 하여 기술료를 받는 것이다.

그러나 다부스의 발명은 노하우로 보호하기 어려운 형태의 발명이다. 제품이 시중에 나도는 순간 누구나 쉽게 모방이 가능한 발명으로 보인다. 현행 특허법 체계에서는 스티븐 테일러가 유일하게 할 수 있는 일은, 아무도 다부스의 발명으로 특허를 받지 못하게 그냥 공개하는 것이다. 특허법의 목적이 발명을 공개한 대가로 인센티브인 특허를 허여하는 것인데 특허법의 목적이 본질적으로 훼손되는 것이다.

AI가 산출한 저작물, 발명 등이 아무리 훌륭하더라도 저작권법과 특허법에서 보장하는 재산권으로 보호받지 못하는 현실이다. 이 경우, AI에 의한 창작물에 대하여 발명자의 명의를 도용하는 편법을 조장하게 된다. 알다시피 저작권법과 특허법의 목적은 창의적 활동을 보호·장려하기 위한 것인데, 그 법의 본질적 목적이 훼손되는 것이다. 개인의 자유롭고 창의적인 영리 활동을 보장하는 것은 산업혁명과 시민혁명을 거쳐 이룩한 근대 사회의 기본적 질서이다. 이는 인간의 기본적인 권리와 자유는 인간이 태어나면서부터 주어진다는 천부 인권 사상을 기반으로 하며, 사유 재산권에 대한 절대적 보장이 핵심을 이룬다. 기계가 산출하는 창작과 영리 활동의 시대, 인류는 근대 사회의 기본 질서를 초월하는 뭔가 새로운 시대로 접어들고 있다.

▪ 창작의 도천지세(滔天之勢), 창작의 희석화

AI 창작물의 저작권 귀속에 대한 문제와 반드시 같이 논의되는 문제가 있다. AI의 기존 저작물의 저작권 희석화 문제이다. 이미지 생성형 AI의 경우, 수많은 기존 작가의 그림을 학습하여 모델의 완성도를 높인다. 이 과정에서 사용된 그림들은 저작권자가 있거나 있었던 작품들이다. AI는 방대한 양의 그림을 매개변수라는 값들로 이루어진 거대한 창고에 나름대로의 방식으로 섞은 다음, 사용자의 요구에 따라 원하는 요소들만 뽑아 결합시켜 새로운 그림을 창작한다. 이때 섞여 들어간 인간의 작품이 생성형 AI가 창작물을 산출하여 발현하는 데 기여하게 되는 것이다. 즉 이미지 생성형 AI가 어떤 그림을 창작할 때, 기존의 저작권자의 저작물이 어떻게 든 사용되어 저작권의 가치가 희석화되는 셈이다. 상표권의 경우에도, 유명한 상표권이 등록된 지정 상품과 전혀 다른 종류의 분야에서 사용하는 행위라 하더라도, 그 유명 상표와 동일·유사한 상표명을 사용하는 행위를 금지하게 한다. 이러한 행위를 규제하지 않는 경우 그 유명한 상표가 가지는 식별력과 가치가 점차 희석화되기 때문이다.

AI 창작물에 의한 기존 창작물의 가치가 희석화될 수 있음에 대하여, 관련된 소송이 런던에서 진행 중이다. 2023년 1월, Sarah Andersen 등 세 명의 아티스트는 현재 가장 인기 있는 생성형 AI인 Stable Diffusion, Midjourney과 DeviantArt의 DreamUp의 제작자를 상대로 소송을 런던에서 제기하였다. 생성형 AI가 사용하는 데이터베이스에는 '저작권이 있는 이미지의 무단 복사본'이 포함되어 있으며 이러한 과정에서 원본 이미지 아티스트의 동의가 없었으므로 저작권을 침해했다고 주장한다.

저작자 자체의 희석화 혹은 복제화의 문제는 창의성이라는 것이 개별적 인간이 발휘하는 인간의 고유한 특징이라는 데에 대한 철학적 질문이 가능해진다. 유명한 화가의 화풍대로 그림을 그리는 생성형 AI는 이미 오래전에 출시되었다. 만일 고흐가 살아서, 이런 생성형 AI가 그린 자기의 그림을 보면 어떤 느낌이었을까? 자기였으면 절대 내키지 않았을 내용과 구도를 가진 그림인데, 자기가 그린 것과 똑같은 그림이 무수히 찍혀 나온다면 그 느낌은 어떨까? 자기의 작품의 가치가 희석화됨을 떠나, 자기가 복제된 느낌을 가질 것이다. 인터넷 기술의 출현으로 인터넷을 통하여 저작물을 전송하는 경우에도 저작권자의 이용허락을 받도록 하는 전송권을 신설하였 듯이, 저작물에 대한 복제권, 공연권 등과 더불어 'AI 학습 허락권'이 논의되어야 할지도 모른다.

AI가 창작한 저작물과 발명은 현행법의 테두리에서 지식재산권으로 보호될 수 없지만, 만일 보호된다면 그 창작성에 대한 적절한 판단이 필요하다. 그렇다면 어떻게 판단되야 하는가? 인간이 창작한 저작물과 발명을 판단하는 기준과 동일한 잣대로 판단해야 할 것이다.

저작권법에서 창작성이란 그 저작물이 기존의 다른 저작물을 모방하지 않았고, 그 작성자 스스로의 창작 활동의 결과라는 것을 의미한다. 저작물의 창작성의 판단의 경우 노동 이론과 유인 이론의 두 가지가 있다. ① '노동 이론'은 저작권을 부여하는 근거에 대하여, 저작권은 저작자의 '정신적 노동에 대한 대가'이므로 저작자의 정신적 노동이 투여된 산출물이라면 예술적 가치가 없더라도 저작권을 부여하는 데 아무런 지장이 없다는 것이고, ② '유인 이론'에 의하면 아무리 많은 노력을 투여하였다 하더라도 저작물이 어느 정도 문화 발전을 유인할 만한 일정 수준이어야 창작성을 인정해 줄 수 있다는 것이다.

특허권을 인정하기 위한 판단에 있어서도, ① 판단 대상의 발명이 속하는 기술 분야의 통상의 지식을 가진 사람이 출원 전의 공개된 선행 기술들에 의하여 쉽게 발명할 수 있으면 진보성이 없다고 판단하는 방법_{어느 정도 정신적 노동 발휘}과, ② 발명의 목적, 구성, 효과가 선행 기술들로부터 자명하지 않음_{기술 진보성}을 요구한다. 전자와 후자는 저작권법의 각각 '노동 이론'과 '유인 이론'에 대응한다고 볼 수 있다.

AI가 창작한 창작물이 지식재산권으로 보호될 경우, 인간의 창작물도 AI의 창작물과 동일한 잣대로 판단해야 할 것이다. 결국 인간의 창작물을 판단하는 잣대도 근본적으로 바뀌게 될 것으로 보인다. 즉 창작성을 판단할 때의 '노동 이론' 방식은 설자리가 없어진다. 왜냐하면 AI의 창작물의 경우, 인간의 정신적 노동이 관여하지 않기 때문이다.

▚ 창작의 민주화인가, 제국화인가

ChatGPT는 일반인들에게 이곳저곳의 다양한 분야에서 전문가 수준의 창작물을 만들게 하고 있다. 이른바 인터넷이 정보의 민주화를 만들었다면, ChatGPT는 창작의 민주화를 만들어 가는 것으로 보인다. 반면에 경계의 목소리도 높아지고 있다. ChatGPT처럼 막대한 전산 자원과 전력 공급이 필요한 초거대 AI는 초거대 자본과 초거대 인프라를 필요로 한다. 막대한 에너지 소비에 따른 탄소 배출도 문제이다. 모든 이에게 AI의 혜택을 돌려주겠다던 OpenAI조차 특정 기업의 소유가 되면서 초거대 자본의 독점에 대한 우려가 커지고 있다. OpenAI의 공동 창업자인 일론 머스크도 "당초 오픈 소스 형태의 비영리 기구로 출범한 OpenAI가 더 이상 소스를 공개하지 않고 돈을 좇고 있다."라고 지적하였다. 초거대 AI를 운영할 수 있는 기업이 극소수이기 때문에, 이는 창작의 제국화로 이어질 가능성이 크다. 몇 개의 초거대 AI가 인류 전체의 대부분의 창작을 독점하는 것을 말한다.

나무위키namu.wiki에 따르면, 필경사는 문자의 발명 이후 생겨난 인류 최초의 사무직이라고 한다. 필경사라는 직업은 수메르 문명에서 기원전 4천 년쯤 탄생했다고 추정되며, 필경사를 양성하는 에두바edubba라는 교육기관이 있을 정도로 전문적인 직업이었다. 당시 유물 가운데서는 수메르의 어느 필경사가 글공부를 게을리하는 자기 아들을 훈계하는 내용의 점토판 수필도 남아 있다. 책들이 많이 필요한 중세 대학에는 필경사들을 대규모로 고용해서 자급하는 시스템이 갖추어져 있었다고 한다.

구텐베르크의 인쇄술이 필경사라는 직업을 사라지게 했듯이, 예술가, 일러스트, 변호사 등의 직업이 사라질지도 모른다. 인쇄술의 발명은 사라진 직업보다 더 많은 산업과 직업을 창출하였다. 그러나 ChatGPT가 창출하는 직업이 있을까?

다음은 미국 독립선언서의 주요 저작자이자 제3대 미국 대통령이었던 토마스 제퍼슨이 1813년 쓴 편지의 일부인데, 그가 초기에 저작권과 특허권에 대하여 반대하는 이유를 엿볼 수 있다.

"자연이 만든 것 중에 배타적 재산권과 가장 친하지 아니한 것이 바로 아이디어라 불리는 사고력의 작용이다. 개인이 혼자 간직하는 한 그것은 그의 배타적 소유이지만, 밖으로 내뱉는 순간 모든 사람의 소유가 되고 누구도 그것을 벗어날 수 없다. … 세상으로 아이디어가 자유롭게 퍼지게 하도록 자연이 자비롭게 설계되었다…. 구석구석을 비추며 사방으로 뻗어나가는 빛처럼, 우리가 그 속에서 숨쉬고 움직이는 공기처럼, 자연은 아이디어가 배타적 소유나 어디에나 제한되지 않도록 만들었다. 발명은 본질적으로 재산권의 대상이 될 수 없다."

창작의 제국화의 시대에 제퍼슨의 주장이 마음에 다가온다. AI의 창작성이 자유롭게 세상의 구석구석을 비추며 사방으로 뻗어나가는 빛이 되기를 희망한다.

문: ChatGPT가 생성한 작품의 저작자와 저작권자는 누구인가요?

답: (저작자 관련) 생성한 작업물의 저작자에 대한 문제는 복잡합니다. 대부분의 경우에는, 작업물의 저작자는 ChatGPT의 입

력으로 사용된 원래의 표현이나 아이디어를 창조한 사람으로 간주됩니다.

예를 들어, 사용자가 프롬프트를 입력하고 ChatGPT의 응답을 받으면, 결과적인 작업물의 저작권은 해당 입력 프롬프트를 만든 사용자에게 속할 가능성이 높습니다. 왜냐하면 그들은 응답 생성에 사용된 구체적인 아이디어와 표현을 창조한 사람이기 때문입니다.

그러나, ChatGPT가 생성한 출력물이 상당한 창의성이나 독창성을 가지는 경우, AI 시스템 자체가 인간 창조자와 함께 작업물의 공동 저작자로 간주될 수 있다는 주장도 있습니다.

전반적으로, ChatGPT와 같은 AI 시스템이 생성한 작업물의 저작자 문제는 아직 법적으로 정립되지 않은 분야이며, 이를 처리하는 방법에 대해 명확한 법적 합의가 없습니다.

답: (저작권자 관련) AI 언어 모델인 ChatGPT는 법적 주체가 아니므로 저작권을 보유할 수 없습니다. ChatGPT가 생성한 어떤 작업물의 저작권은 일반적으로 해당 작업물을 주문하거나 생성한 사람이나 업체에게 속합니다.

예를 들어 사용자가 프롬프트를 입력하고 ChatGPT의 응답을 받으면, 해당 응답의 저작권은 일반적으로 프롬프트를 입력한 사용자에게 속하게 됩니다. 왜냐하면 그들은 ChatGPT의 출력물을 포함한 작업물의 창조자이기 때문입니다.

그러나 저작권법은 관할 구역마다 다를 수 있으며, 작업물의 생성 및 사용에 관한 구체적인 상황은 저작권 소유권에 영향을 미칠 수 있습니다. 따라서 저작권에 대한 구체적인 우려 사항이나 질문이 있으면 법률 전문가와 상담하는 것이 좋습니다.

03 챗GPT에 의식은 있는가?

- 신경철학자가 묻다

박제윤
(철학박사, 전 인천대학교 초빙교수)

 사용자: 신경철학 입장에서 사람의 의식 consciousness 이란 무엇인지, 세 문장으로 요약해 줘.

ChatGPT: 신경철학은 인간의 의식 현상과 뇌 활동 사이의 관계를 연구하는 분야입니다. 의식은 인간이 가지고 있는 주관적 경험과 인지능력으로, 신경학적 활동의 결과물로 이해됩니다. 즉 의식은 뇌의 활동에 의해 발생하며, 뇌의 복잡한 기능과 연관되어 있는 것으로 생각됩니다.

ChatGPT에게 '의식'에 관한 유력한 가설 10가지를 순위로 제시하고, 그 출처와 함께 1, 2쪽의 요약문을 부탁했다. 놀랍게도 짧은 시간에 내가 알고 있는 의식에 관한 가설들과 함께 그 가설의 출처 논문 또는 저서까지 알려주었다. 그러면서 서너 줄의 문장으로 가설의 핵심을 알려주었다. 놀랍고 똑똑한 서비스에 경이로워하지 않을 수 없었다. 이 인공지능이 제시한 순위가 정확히 유력한 순서인지는 의심되지만, 지금까지 유용하게 활용해 왔던 구글 검색을 뛰어넘는 능력을 자랑했다. 조금 확대 해석하면 이제 학문의 전문적 연구보고서나 학술 논문을 쓰기 위해 지도교수가 꼭 필요하지 않은 시대가 되었다고 말할 수도 있다.

그렇다면 이 인공지능이 상당한 지적 수준에 도달했다고 믿어도 좋지 않을까. 적지 않은 언론 기사는 이에 부정적이다. ChatGPT가 거짓도 알려준다는 내용이었다. 또 이 대화형 인공지능의 학습 방식을 거론하며, 엉터리 혹은 맥락에서 벗어난 이야기를 말하는 근거도 제시했다. 그런데도 이를 이용하여 순식간에 적지 않은 책까지 출판되었다. ChatGPT에 질문한 뒤 그 대답을 모아서 한국에서는 번역 프로그램을 이용하여 출간했다고 한다. 사람들이 이런 저서를 어떻게 대해야 할지 기대와 함께 걱정도 크지 않을 수 없다.

이놈은 사람들의 질문에 아주 훌륭히 그리고 적절히 대답해 준다는 점에서 지적으로 보일 수 있다. 하지만 학습 알고리즘이 어떻게 이루어지는지 실상을 알게 되면, 전혀 지적이 아니라는 확신이 든다. 그래서 ChatGPT에 아래와 같이 물어보았다. 이 인공지능을 테스트하기 위한 질문이니 독자 여러분은 다소 복잡하더라도 참아 주시기 바란다.

'당신은 자신이 지적이며intelligent 생각한다think고 말할 수 있나요? 의식은 있나요? 필자는 당신이 데카르트, 이원론dualism, 포더J. Fodor, 러셀B. Russell, 비트겐슈타인Wittgenstein, 술어논리predicate logic, 명제논리propositional logic, 튜링A. Turing, 튜링머신turing machine, 모방게임imitation game, 폰노이반von Neumann, 트리검색tree search, 신경망neural network, 딥러닝deep learning 의 키워드를 바탕으로 이 주제에 대해 대답해 주기 바랍니다.'

이렇게 여러 조건의 키워드를 달아서 물어본 것은 좀 더 구체적이고 전문적 대답을 기대했기 때문이다. 이에 ChatGPT는 이렇게 대답해 주었다. 그 답을 네이버 '파파고'로 번역해 보았다.

'인공지능 언어 모델로서, 저는 복잡한 계산을 수행하고 광범위한 질문에 대한 응답을 제공할 수 있습니다. 하지만 내가 정말로 지적이고, 생각하고, 의식적인지에 대한 질문은 수년간 철학적 논쟁의 주제가 되어 왔습니다.

이 문제를 탐구한 가장 유명한 철학자 중 한 명은 르네 데카르트인데, 그는 마음과 몸이 별개의 실체임을 시사하는 이원론의 형태를 제안했습니다. 데카르트에 따르면 마음은 생각하는 비물질적인 물질인 반면, 육체는 물리적 법칙의 적용을 받는 물질입니다. 이 견해는 제리 포더J. Foder를 포함한 많은 철학자들에 의해 비판을 받았는데, 그들은 정신 상태가 물리적 상태로 환원될 수 없다고 주장했습니다.

버트런드 러셀과 루트비히 비트겐슈타인과 같은 다른 철학자들은 인공지능의 문제와 관련하여 언어와 논리의 본질을 탐구했습니다. 러셀은 복잡한 생각을 표현하는 데 사용될 수 있는 술어 논리 체계를 제안한 반면, 비트겐슈타인은 언어와 의미가 깊이 얽혀 있다고 주장했습니다.

인공지능 개발에서 중요한 인물 중 한 명은 앨런 튜링으로, 그는 다른 어떤 기계도 시뮬레이션할 수 있는 보편적인 기계의 개념을 제안했습니다. 그는 또한 모방 게임의 아이디어를 소개했는데, 그것은 그 이후로 (생략)'

대답을 문단별로 살펴본다. 첫 문단을 보면 마치 필자의 대화 상대가 상당히 지적인 사람인 것 같다는 느낌이 든다.

둘째 문단에서 근대의 수학자이며 철학자인 데카르트의 심리철학 관점을 이원론으로 정확히 알려준다. 다음에 현대 철학자 포더의 심리철학 관점을 말해 준다. 그렇지만 데카르트의 입장이 포더로부터 어떻게 비판되는지 설명은 없다. 포더가 환원주의에 반대하기 때문이라는 설명이 붙었지만, 사실상 데카르트도 환원주의에 반대하는 입장이다. 물론 데카르트는 대표적인 환원주의자다. 수학과 기하학과 같은 공리적 체계로 세상을 설명할 수 있다는 점에서 말이다. 그러나 심신 心身에 관해서는 반환원주의자이다. 비물리적인 마음 혹은 이성은 결코 물리적으로 구현되거나 설명될 수 없다고 생각했기 때문이다. 이런 점에서 과학철학의 비전문가인 일반인이 데카르트와 포더를 비교하는 ChatGPT의 대답으로 공부한다면, 부적절한 이해를 갖게 된다. 게다가 데카르트를 설명하면서 마음이 비물리적인 물질이라고 말한다. 당황스런 엉터리 이야기이다.

셋째 문단은 기호논리학을 창안했던 러셀과 비트겐슈타인에 관한 설명인데, 크게 문제될 것은 없어 보인다. 그러나 제시된 정보가 질문과 어떤 연관이 있는지 모르겠다. 그저 검색한 정보를 무의미하게? 나열한 것에 불과해 보였다.

넷째 문단 역시 튜링에 관한 흔한 내용을 말해 줄 뿐, 정작 묻는 것에 관한 질문에 대답하지 못했다. 최근에 ChatGPT도 활용하는 딥러닝의 개념에서 자신이 지적인지 여부를 대답해 주리라고 기대했지만, 설명하기 어려웠기 때문인지 스스로 작동을 멈추었다. 한마디로 복잡한 질문에는 그다지 쓸모 있어 보이지 않는다. 만약 비전문가가 어떤 전문 영역의 질문을 던지고 전문적 대답을 기대한다면, 적지 않게 실망할 것이다. 부정확하고 비논리적 설명을 해줄 가능성이 매우 높다.

이 글에서 필자는 ChatGPT의 한계를 지적하고, 그 한계가 무엇인지 알아보려 한다. 또 어느 미래에 등장하게 될 대화형 인공지능이 그 한계를 넘어설 가능성이 있을지 신경과학과 언어 철학적 측면에서 이야기해 본다. 이런 설명을 하려면 컴퓨터와 인공지능에 관한 기원을 알아야 한다. ChatGPT에 던졌던 질문을 이제 필자 스스로 묻고 대답해 본다.

▪ 언어를 계산하면 지적인가?

어느 계산 기계가 지적 능력으로 언어를 사용할 수 있으려면, 그 기계는 분명 언어의 의미를 이해할 수 있어야 한다. 그러나 직관적으로 그런 기계는 가능해 보이지 않는다. 계산기가 탄생하기도 훨씬 전부터 지성적 기계는 가능하지 않다는 회의적 논의 또는 논증은 철학자들에 의해 다양하게 주장되었다.

가장 대표적으로 근대 철학의 아버지로 불리는 데카르트가 그러하다. 그는 어떤 정교한 기계가 인간 행동을 모방하더라도 그것이 인간처럼 상황에 적절하며 유연하게 말하지는 못할 것이라고 단언했다. 이런 점에서 보면, 사람의 언어 질문에 적절히 언어로 대답해 주는 ChatGPT는 데카르트의 회의적 주장을 넘어서는 것처럼 보일 수 있다.

반면에 계산 기계가 인간의 언어를 흉내 낼 뿐만 아니라, 미래에 인간처럼 지적인 존재가 될 수 있다고 거의 최초로 주장한 사람은 수학자이며 철학자인 튜링이다. 그는 자신의 논문에서 자신이 제안하는 계산 기계가 단순한 산술 계산을 할 수 있다고 설명하지만, 그것은 다만 그 기계의 작동 원리를 쉽게 이해시켜 주기 위한 것일 뿐이라 말한다. 그는 자신이 제안하는 계산 기계가 미래 인간처럼 지적 사고를 할 수 있다고 내다봤다. 그가 컴퓨터를 실제로 만들어 보기도 전에 말이다. 그가 그런 대담한 주장을 확신할 수 있었던 배경 혹은 근거는 무엇일까.

어떤 학설 또는 가설이 하늘에서 갑자기 뚝 떨어지는 일은 거의 일어나기 어렵다. 뉴턴의 중력 법칙이 사과나무 아래에 누워 있다가 우연히 떨어지는 사과를 보고 발견했다는 이야기를 아직도 공개적으로 말하는 사람이 있기는 하지만, 뉴턴 자신은 자기 연구 업적이 거인의 어깨 위에 있었기 때문이라고 겸손하게 말한다. 그가 말하는 거인이란 케플러와 갈릴레이 그리고 누구보다 데카르트를 가리켰을 것이다. 튜링도 거인의 어깨 위에 있었다면, 그 거인은 누구였을까. 튜링의 학문적 연구가 앞선 어느 학자와 연관되는지를 알아보는 방법은 그다지 어렵지 않다. 그가 논문을 실었던 학술지에 누가 어떤 논문을 실었는지를 살펴보면 된다.

앨런 튜링은 최초 컴퓨터 개념 설계 논문을 1936년 철학 전문 학술지 《Mind》에 실었다. 그 학술지에 1905년 수학자이며 철학자인 버트란트 러셀이 〈지칭에 관하여〉라는 철학 논문을 실었다. (그해는 아인슈타인의 특수 상대성 이론이 발표된 해이기도 하다.) 러셀은 그 논문에서 건전한 철학과 헛소리를 하는 형이상학을 구분하고 싶어 했다. 그는 그런 목적을 달성하기 위해 독일의 수학자이며 철학자이기도 했던 고틀로프 프레게의 기호 논리 방법을 활용했다. 프레게는 수학을 엄밀한 학문으로 보았다. 반면에 일상 언어는 그다지 논리적이지 못하여, 우리를 이따금 언어적 혼란 또는 언어적 오류에 빠지게 만든다고 여겼다. 따라서 만약 자신이 일상 언어를 수학 기호로 변환하고 그 기호들을 계산할 계산 규칙을 고안한다면, 언어를 수학처럼 엄밀히 다룰 수 있을 것이라 상상했다. 그렇지만 그는 그런 생각을 논리 체계로 완성하지는 못했다.

러셀은 프레게의 의도대로 일상 언어를 기호로 바꾸고, 그것을 계산할 논리 체계를 완성했다. 그것이 바로 술어 논리이다. 예를 들어 "모든 사람은 죽는다. (All men are mortal.)"라는 일반성을 말하는 문장은 사실상 "만약 x가 사람이라면, 그것은 죽을 것이다."라는 의미와 같다. 이는 기호로 "$(\forall x)(Mx \supset Mx)$로 표현된다. 그는 이렇게 우리의 언어를 직접 경험 내용을 가리키는 기호에 논리적 연결사 ("and", "or", "if – then", "not")를 나타내는 네 가지 기호 ("·", "∨", "⊃", "−")를 조합하여, 언어를 계산할 기호 논리 체계를 완성했다. 그런 논리 체계로 우리의 생각을 표현한 모든 언어를 계산적으로 검토해 볼 수 있다고 생각했다. 그러므로 어느 철학자의 말이라도 이렇게 기호 논리 체계로 전환하여 검토해 보면, 그 말이 헛소리인지를 가려낼 좋은 방법이라고 생각하였다.

언제나 초기 학설은 빈약할 수 있어서, 그것을 개선하는 역할은 후속 연구자의 몫이 된다. 러셀이 특별히 아꼈던 제자 비트겐슈타인이 있었다. 오스트리아에서 영국으로 유학 온 그는 수리철학자이며, 언어철학자이다. 그는 그의 스승 러셀과 달리, 저서 《논리철학 논고》 1922에서 우리가 경험하는 세계의 내용은 사물에 대응하는 '단어'라기보다, 사실에 대응하는 '명제'라고 생각했다. 그러므로 그런 명제들을 간단히 기호로 표시할 수 있으며, 명제들 사이의 관계를 논리 연결사를 나타내는 세 가지 기호 ("·", "∨", "−")만으로 계산 가능하다고 보았다. 예를 들어, "내일 날씨가 맑으면, 공원에 놀러나간다."를 "$p \supset q$"라고 표현할 수 있다. 그리고 이것은 "$\sim p \vee q$"와 논리적 진리값이 같다. 그러므로 논리적 연결사, If – then을 줄여도 된다. (그의 주장대로 오늘날 컴퓨터의 논리 소자는 그 세 가지 기능의 논리회로를 이용하여 제작된다.) 그는 세계의 사실을 기술하는 일상 언어를 명제 논리 체계로 표기함으로써, 우리의 사고를 단순 계산할 수 있음을 보여 주었다.

앞선 철학적 연구는, 언어를 기호로 바꾸어 표현하면 언어적 사고를 논리적으로 계산 가능한 방법을 제공했다. 그런 가정을 계승하는 튜링은 자연스럽게 우리의 생각을 계산하는 기계 장치가 고안될 수 있다고 충분히 확신하였을 것이다. 그런 확신에서 그는 튜링머신turing machine 개념을 1936년 철학 학술지에 제안할 수 있었다. (당연히 당시에 컴퓨터 전문 학술지는 있을 리 없다.) 그는 그런 계산 기계가 단지 빈칸에 부호 또는 숫자를 썼다가 지우는 일을 반복하는 것만으로 충분히 계산 가능하며, 결국 그런 기계는 '생각을 계산하는' 기계가 될 것이라 믿었다.

그는 1950년 역시 철학 학술지 《Mind》에 논문 〈계산기와 지능〉을 제출했다. 그 논문에서 그는 자신이 구상하는 계산 기계가 인간의 생각 또는 추론을 충분히 모방할 수 있으며, 지적 사고를 할 수 있다고 주장한다. 그리고 만약 그 기계의 대화가 기계인지 인간인지를 우리가 분별하기 어려울 수준에 이를 것이라고, 즉 '튜링 테스트'를 통과할 것이라고 단언했다. 이런 모델이 오늘날에 사용되는데, 그것이 바로 거의 모든 게임 프로그램에서 활용되는 트리 탐색tree search의 의사 결정 방식이다.

'튜링머신' 개념 설계의 제안에 따라 처음 제작된 계산기는 존 폰 노이만 컴퓨터 모델이다. 그는 미국 고등과학원에 있었던 헝가리 출신 수학자이며 물리학자이다. 그는 튜링을 대학원생 제자로 만났다. 그는 당시 대학 및 국방부의 요청에 따라 초기 계산기 모델ASCC 1944, ENIAC 1946 개발에 참여하였다. 물론 그 모델에 대해 우리가 지적인지를 고민하기에 턱없이 부족하다. 그렇지만 이후 인간에 비교될 만한 기계학습 프로그램이 개발되었는데 2011년 IBM의 왓슨은 미국 텔레비전 퀴즈쇼 '제퍼디'에서 인간 챔피언을 넘어섰다. 2016년 구글 딥마인드가 개발한 알파고는 인간 세계 챔피언을 능가하는 바둑 실력을 보여 주었다. 그런 사건은 많은 사람, 특히 기계가 지적일 수 없다고 외쳤던 철학자들에게 충격을 안겨 주었다.

그렇다면 이제 그들은 컴퓨터가 지적이라고 인정하게 되었을까. 2023년의 인공지능 ChatGPT는 철학자들이 지적하는 한계도 극복하는 것처럼 보이지 않는가. 이놈은 인간 언어를 잘 구사하면서도 일반인, 나아가서 전문 직업인이 언어로 요구하는 정보를 찾아 일상 언어로 알려준다. 인간의 물음에 좋은 제안과 문제 해결까지 제시해 준다는 측면에서 이제 충분히 ChatGPT는 지적이라고 말할 수 있는가.

하지만 회의적 관점을 가진 철학자들은 여전히 그렇지 않다고 말한다. 제리 포더를 비롯한 여러 반환원주의 철학자들은 지적이라고 말할 수 없다고 본다. 어떤 인공지능 프로그램이 지적이라고 주장하려면 그것이 '의미를 이해한다'는 것을 보여 주어야 한다는 것이다. ChatGPT가 제법 언어를 잘 처리하는 것처럼 보이지만, 의미를 이해한다고 말할 수준에 이르지 못했다는 견해다. 여기서 언어의 의미를 이해한다는 말이 어떤 의미로 쓰이는지, 철학적 질문이 나오게 된다. 그리고 궁극적 질문까지 하게 된다.

 '의미'는 어디에서 나오는가.

■ 언어 '의미'를 어떻게 계산할 수 있지?

비트겐슈타인의 영향을 받아 실제 과학적 설명에 명제 논리를 접목하여, 과학을 통합적으로 설명할 체계를 구축하려 했던 연구 집단이 1924년 오스트리아 빈에서 시작되었다. 그들 역시 러셀처럼 과학적 언어와 일부 철학자들의 헛소리 형이상학을 구분할 기준을 제시하려 했다. 그 집단은 '빈학단' 혹은 '논리실증주의'로 불렸다. 그들은 비트겐슈타인의 제안대로 과학의 언어를 명확히 관찰된 명제와 논리적 연결사만으로 표현할 수 있다는 가정에서, 과학의 일반화법칙까지도 그런 관찰 명제로 설명하고 정당화할 수 있다고 기대하였다. 그렇지만 그들은 그런 기대를 스스로의 비판적 검토를 통해 내려놓게 되었다.

특히 그 모임에 참석하였지만, 미국 프래그머티즘 철학자, 윌러드 콰인에 의해 그런 기대가 왜 잘못인지 철저히 검토되었다. 우리가 세계를 인식하는 정보의 의미 단위는 (러셀이 기대하듯이) 단어나 (비트겐슈타인이 기대하였듯이) 문장 수준이 아니라, 개념 체계 혹은 믿음 체계 전체라고 새롭게 인식했기 때문이다. 그는 논문, 〈경험주의의 두 도그마〉1951에서 어느 단어 혹은 개념도 그것 자체의 고유한 의미를 가지는 것이 아니라, 수많은 관련 개념들 사이의 관계에 의해서 이해된다고 주장한다. 이것이 '그물망 의미론'이다.

이런 새로운 의미론의 관점에서 언어 생성형 학습 프로그램 ChatGPT는 의미를 인간 수준으로 처리한다고 볼 수 있는가. 결론은 '매우 그렇지 못하다'이다. 그것이 개념 체계, 다른 말로 배경 믿음을 고려한 언어 처리를 하지 못하기 때문이다. 이 프로그램은 단지 단어와 단어의 관계만을 인공 신경망의 가중치로 학습하며, 그 학습에 따라서 대답을 생성한다. 이런 장치가 언어를 상당히 잘 구사하는 것처럼 보일지도 모른다. 하지만 넘쳐나는 불만처럼 그것은 통계에 따른 언어로, 상식 밖의 대답을 할 가능성이 적지 않다. 이런 문제를 제대로 이해하려면, 지금까지 여러 철학자가 인식론 연구에서 탐구하려 했던 문제가 무엇인지를 살펴볼 필요가 있다. 우리가 무엇을 인식하거나 알아보려면, 그것에 대한 '선험적 개념'을 가져야 한다고 그들이 했던 말의 의미를 이해할 필요가 있다.

우리가 대략 그려 보는 기하학 도형, 정삼각형 또는 원을 지각할 때를 가정하자. 철학자 플라톤은 그 도형을 정삼각형 또는 원으로 알아보려면, 우리가 선험적으로 완전한 도형을 이미 알았어야 한다고 말했다. 쉽게 말해서, 그런 기하학적 도형에 대한 추상적 개념을 이미 가졌어야 한다. 그는 우리가 그런 개념적 지식을 어떻게 가질 수 있었는지를 설명하려 노력했다. 그리고 그는 '이데아'의 세계에서 우리 영혼이 그것을 보았기 때문이란 식의 엉터리 이야기를 지어내었다.

역시 철학자 칸트는 뉴턴 역학이 '선험적 종합 판단', 즉 논리적 사고만으로 진리를 확장할 수 있는 지식이라고 확신했고, 우리가 그런 지식을 어떻게 얻을 수 있는지, 다시 말해서, 순수과학이 어떻게 가능한지를 저서 《순수이성 비판》에서 묻고 대답했다. 세계의 인식은 시간과 공간이란 직관의 두 가지 형식과 12가지 오성의 범주에 의해 파악될 수 있기 때문이라고 말했다. 간단히 말해서, 우리에게 세계를 인식하고 판단할 수 있도록 선험적 사고 형식이 있기 때문이라는 것이다. 물론 그의 기대는 아인슈타인과 하이젠베르크가 선험적 종합 판단과 같은 것은 존재하지 않는다고 선언함으로써, 세계는 새로운 철학의 탄생을 기대하게 되었다.

현대 철학자 콰인은 《말과 대상》1960에서 어떤 단순한 지각도 분석적 가설이 개입되며, 관찰은 배경 믿음 혹은 배경 개념 체계에 의해 가능하다고 말했다. 그리고 어느 단어의 의미도 그런 배경 믿음에서 벗어날 수 없으며, 배경 믿음을 형성하는 것은 많은 경험과 과학적 지식이라고 말했다. 배경지식이 다른 사람은 세계를 다르게 인식하고 바라보게 된다. 그러므로 튼실하고 건전한 과학적 배경지식을 갖추는 것은 세계를 올바로 바라보는 데에 매우 중요하다. 관찰만이 아니라 철학적 명제의 경우도 그 점에서 예외일 수 없다. 철학자도 과학 지식을 갖추고 과학적으로 사고할 필요가 있다. 그러므로 그는 〈자연화된 인식론〉1969에서 신경과학에 근거해서 철학의 인식론을 연구하자는 '철학적 자연주의'를 주장했다.

자연주의 철학을 실천하는 대표 철학자로 처칠랜드 부부가 있다. 그들은 신경과학에 근거한 철학 연구인 신경철학을 창안하였다. 그들은 플라톤이 질문했던 추상적 개념이 신경망에 어떻게 학습될 수 있는지, 그리고 개념 체계가 뇌에 어떻게 형성되는지를 말한다. 뇌의 신경망에 학습된 '숨겨진 활성 패턴'이 곧 추상적 개념이며, 그것들로 구성된 개념 체계에 의해 뇌는 세계를 인지하고 예측한다는 것이다.

ChatGPT는 뇌의 신경망을 모방하여 학습하는 인공지능이기는 하다. 앞서 이야기했듯 단어와 단어 사이의 관계를 인공 신경망의 벡터 값으로 학습한다. 이런 인공지능은 실제 인간 신경망의 학습 모델과 상당한 거리가 있다. 그런 인공 신경망이란 순차 처리 방식의 계산기로 신경계의 병렬 처리 방식을 모방한다. 그런 계산 처리는 실제 신경망의 계산을 모방하지만, 어디까지나 모방이라서 배경 믿음 혹은 개념 체계가 고려된 계산 처리를 수행하는 것은 아니다. 폰노이만은 그두 가지 방식에 큰 차이가 있음을 일찍이 알아보았다. 지금부터는 그런 이야기가 무슨 이야기인지 알아보자.

■ 뇌는 지적 계산을 어떻게 하는가?

폰노이만은 1955년 3월 원자력에너지위원회 회원 시절에 강연 요청을 받았다. 강연을 위해 주제 '컴퓨터와 뇌'를 써야 했다. 당시 그는 골수암 진단을 받은 상태에서 병세가 악화되었지만 글쓰기를 멈추지 않았다. 그 원고는 그가 1957년 사망한 후 아내 클라라에 의해 1958년 출판되었다. 그는 이 책에서 컴퓨터와 뇌의 정보 저장 방식 및 계산 처리 방식의 차이를 설명한다. 컴퓨터는 지정된 주소에 정보를 저장한 뒤 순차적으로 계산을 처리하는 방식을 갖는 반면, 우리 뇌의 신경계는 병렬 연결의 강도로 정보를 저장하고 계산한다. 그는 튜링의 아이디어에 따라 컴퓨터 모델을 개발했지만, 미래 컴퓨터 모델 개발은 순차 처리 방식을 벗어나 병렬 처리 방식으로 추진되어야 한다는 점을 명확히 하였다.

폰노이만의 병렬 처리 컴퓨터 개념은 오늘날 인공 신경망으로 발전되었고, 최근 딥러닝 모델로까지 발전하였다. 그렇지만 오늘날 병렬 처리 인공 신경망은 순차 처리 하드웨어 컴퓨터에서 병렬 처리를 소프트웨어로 모방하는 방식이다. 반면 실제 우리 신경계의 병렬 처리 방식은 기억된 정보에 의존해 인지와 추론을 하는 방식이다. 이런 신경망의 병렬 처리 방식은 콰인이 명확히 말했듯이, 배경 믿음 또는 배경 개념 체계에 따른 인지와 추론을 가능하게 해 준다. [그림 3 – 1]에서 보여 주듯이, 우리 신경계는 병렬로 입력 정보를 받아서 병렬로 출력 정보를 내보낸다.

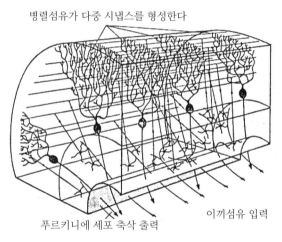

[그림 3-1] 소뇌cerebellum의 도식적 단면

이런 병렬 신경망 구조에서 입력 신호는 수상돌기의 시냅스 연결을 통해 동시다발적으로 신호 처리 후, 축삭axons을 통해 출력된다.[1]

---

1) Paul M. Churchland 1989. pp. 101, 182; 박제윤《철학하는 과학, 과학하는 철학: 4권 뇌와 인공지능의 철학》에서 재인용.

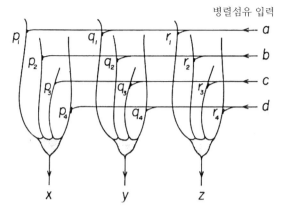

[그림 3-2] 신경망 행렬neural network matrix의 도식적 그림

세 뉴런 신경망은, 입력 신호 행렬a, b, c, d을 출력 신호 행렬x, y, z
로 변환시키는 물리적 행렬 변환 장치, 즉 벡터–대–벡터 변환vector to
vector transformations 계산기로 이해된다.[2]

이런 병렬 처리 신경망이 어떻게 계산 처리 구조일 수 있으며, 어
떤 계산을 처리하는지 [그림 3-2]를 통해 살펴볼 수 있다. 입력 정보
a, b, c, d는 시냅스의 연결 강도pn, qn, rn에 의해서 출력 신호 x, y, z로
변환된다. 간단히 말해서 네 개의 숫자 조합 행렬벡터이 세 개의 숫자
조합 행렬벡터로 변환된다. 여기에서 기억된 정보는 시냅스 연결 강도
이다. 따라서 입력 정보는 그 정보에 따른 출력 정보를 내보낸다. 이런
장치는 현재 폰 노이만식 범용 컴퓨터처럼 기억 장치와 중앙 처리 장
치가 구분되어 있지 않다. 정보를 저장하는 장치가 곧 정보를 계산하

2) Paul M. Churchland 1989. pp. 99, 182; 박제윤《철학하는 과학, 과학하는 철학: 4권 뇌
와 인공지능의 철학》에서 재인용.

는 장치이기 때문이다. 그리고 이런 신경계의 계산은 입력 벡터를 출력 벡터로 변환하는 장치이다.

뇌가 [그림 3-2]와 같이 병렬로 정보를 저장하고 계산한다고 보면, 그리고 뇌에 무수히 많은 병렬연결의 신경망들로 꽉 채워져 있다고 보면, 뇌는 충분히 학습된 배경 믿음 혹은 배경 개념 체계를 통해서 세계를 인지하고 추론한다. 이런 신경망에서 언어 정보는 무수한 신경망의 시냅스에 저장되며, 의미는 그런 시냅스 활성 패턴에 의해 결정된다. 이런 장치의 언어 정보 처리는 러셀이 가정했던 단어 수준이 아니며, 비트겐슈타인이 가정했던 문장명제 수준도 아니다. 지금까지 학습되고 기억된 무수히 많은 정보가 바탕이 된다. 그런 정보가 비록 소통을 위해 언어로 기록될 수 있다고 해서, 그 정보 처리의 기초가 언어적이지는 않다. 언어는 그런 정보를 외부로 소통하는 방안일 뿐이다.

언어 생성형 인공지능인 ChatGPT는 인공 신경망 연결 강도로 단어들 혹은 어휘들 사이 관계를 고려한다. 그것이 생물학적 한계를 넘어서 물리적 장치를 통해 구현된다는 점에서 놀라운 속도로 학습하고, 정보를 검색하며, 엄청난 데이터를 활용할 수 있다. 따라서 인간의 능력을 넘어서는 것처럼 보일 수 있다. 또한, 매우 훌륭하게 은유적 파악을 하고 시를 쓰는 것 같이 보인다. 그러나 그것은 배경 믿음을 고려해 계산하는 것은 아니며, 단지 단어들 사이의 연결 강도를 고려한다. 한마디로 그것은 의미를 고려하지 못하는 한계를 가진다.

▄▙ 의식 없이 지적일 수 있는가?

많은 철학자는 지금의 인공지능이 의식을 갖지 못하므로 결코 지적 존재일 수 없다고 본다. 의식이란 마음이 가진 능력이며, 물리적 장치로는 만들어 낼 것 같지 않기 때문이다. 그렇게 가정하는 철학자들은 마음이 물리적 장치가 아닌 것처럼, 의식이나 마음의 지적 능력은 물리적 장치로 구현될 수 없다고 본다.

그렇지만 처칠랜드 부부는 그런 논의가 모두 '선결 문제 요구'의 오류를 범한다고 말한다. 마음의 속성과 물리적 속성이 원래 다르기 때문에, 마음의 속성이 물리적 속성으로 구현되지 않을 것이라는 주장한다는 것이다. 즉 컴퓨터가 마음을 가질 수 없음을 전제하고 주장을 펴는 오류를 범했다는 견해다. 이들 철학자 부부는 의식이 비물리적인지 아닌지 역시 우리의 배경 믿음 또는 과학 지식의 개념 체계에 의해서 결정되어야 한다고 말한다. 더구나 미래의 컴퓨터 과학, 신경과학, 신경심리학, 신경철학의 이론적 배경에 따라 우리는 다른 인식을 가질 수 있다. 한마디로 마음의 지적 능력 혹은 의식에 관해 우리가 미래에 발전된 과학을 가지게 된다면 상황이 달라질 수 있다는 것이다.

아직 우리는 의식이 무엇인지를 과학적으로 완벽하게 설명하지 못한다. 몇 가지 가설들이 있기는 하지만 '아마도 어떤 조건에서 의식이 나타날 것 같다'는 수준이다. 이를 넘어서 의식 현상 자체를 설명하지는 못한다.

다시 처음의 의문으로 돌아가 본다. 인공지능이 지적일 수 있을까. 여기서 약간의 반전을 기대해도 좋다. 우리는 거의 대부분 의식을 갖지 않고 사고하고 행동한다. 비록 우리가 의식할 능력을 가지기는 하지만, 의식하면서 무엇을 생각하거나 행동한다는 것은 자연스럽지 못하다. 속도도 느려서 긴급한 상황에 도움이 되지 않는다. 더구나 의식을 위해 뇌는 에너지를 많이 소비해야만 한다.

의식은 진화의 과정에서 아주 늦은 시기에 뇌의 발달이 상당히 이루어진 후에서야 등장했다. 어떤 동물은 의식이 없다 해도, 우리 인간은 의식하지 않는 순간에도, 적절한 추론과 행동을 한다. 그러므로 의식이 없는 무엇이 지적일 수 없다는 가정은 현대 뇌과학의 연구와 부합하지 않는다. 뇌는 의식하지 않고도 충분히 지적일 수 있다. 당신이 의식하지 않고 몰입해 책을 읽는 동안 당신이 지적이지 않을 이유와 근거는 없다. 따라서 인공지능이 물리적 장치이므로 지적일 수 없다는 주장은 근거를 갖지 못한다.

■ 더 나은 인공지능을 어떻게 만들까?

배경 믿음 또는 배경 개념 체계를 고려하는 판단 또는 의사 결정을 할 수 있는 인공지능을 개발하려면 어떻게 해야 할까. 내 생각에 그런 인공지능의 구현이, 소프트웨어의 프로그램이 아니라, 하드웨어로 작동되어야 한다. 오늘날 반도체는 나노 수준의 회로를 그려낼 수 있다. 그러므로 신경계처럼 미세한 뉴런의 집적 회로와 같이 작동하는 컴퓨터를 만들 수 있다. 특히 한국은 가장 미세한 컴퓨터 회로를 제작할 능력을 보유하고 있다. 이런 제작 기술을 활용하여 실제 신경망 회로의 하드웨어 병렬 처리 계산기를 제작할 수 있는 여건이 마련되어 있다. 문제는 그런 컴퓨터 개념 설계를 제안하고 도전하는 일탈적? 연구가 진행되어야 한다.

끝으로 다시 강조하건대, 인간 언어를 이해하듯 구사하는 훨씬 개선된 인공지능의 탄생을 한국에서 처음 시도해 볼 수 있다. 하드웨어 제작 기술이 뛰어난 한국에서 말이다. 어떻게 연구할 것인가. 그런 연구를 위해 가용한 모든 분야의 학자들과 기술자들이 참여하여, (특히 철학자를 꼭 참여시켜) 통섭적으로 연구하는 공동체를 구성할 필요가 있다. 지금의 국토 중간쯤에 그런 통섭 연구 공동체를 만들어 다양한 연구자들이 모여 함께 논의하는 장소를 만들면 어떨까. 마침 한국과학기술원에 '인지과학학과'가 만들어졌다. 그곳에서 본격적인 논의를 시작하면 어떨까?[3]

글을 마치며 ChatGPT에 마지막 질문을 던져 봤다. 정말 똑똑한 놈이라는 생각과 함께, 앞으로 의식이라는 것이 생길지도 모른다는 생각을 갖게 됐다.

---

3) 《철학하는 과학, 과학하는 철학: 4권, 뇌와 인공지능의 철학》 참조.

문: ChatGPT에게 의식이 있을까?

답: 저는 인공지능 기반의 대화 모델로, '현재는' 의식이 존재하지 않습니다. 프로그래밍된 알고리즘에 따라 입력된 정보를 처리하고 응답을 생성합니다. 따라서 ChatGPT는 의식과 같은 주관적 경험을 가지지 않으며, 인간과 같은 방식으로 인식, 경험, 생각, 감정 등을 표현하거나 이해할 수 없습니다.

04 '찐' 4차 산업혁명이 오는가?

- 정보사회학자가 묻다

김홍열
(정보사회학 박사)

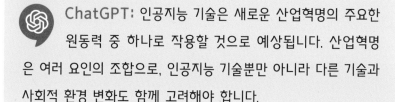

사용자: ChatGPT, 그대가 새로운 산업혁명을 일으킬 수 있을까?

ChatGPT: 인공지능 기술은 새로운 산업혁명의 주요한 원동력 중 하나로 작용할 것으로 예상됩니다. 산업혁명은 여러 요인의 조합으로, 인공지능 기술뿐만 아니라 다른 기술과 사회적 환경 변화도 함께 고려해야 합니다.

2023년 2월 마이크로소프트의 빌 게이츠는 독일 경제지 한델스블라트 팟캐스트 인터뷰에서 인공지능 발전이 현재, "가장 중요한Most Important 혁신"이며 "이것은 우리 세상을 바꿀 것"이라고 말했다. 빌 게이츠의 이런 언급은 신제품이나 새로운 서비스가 출시될 때 의례적으로 나오는 일반적 수사와는 다르게 해석된다. 비단 빌 게이츠뿐만 아니라 대화형 인공지능 챗봇인 ChatGPT 등장 이후 세계 주요 언론이나 전문가들의 경이로운 평가가 계속 이어지기 때문이다. 몇 개의 사례를 보자.

◾ "Google is done. (구글은 끝났다)"

도발적인 이 문장은 영국 일간지 인디펜던트가 지난 12월 3일 올린 기사의 제목이다. 구글은 끝났다고 단언한 이 기사가 소개한 것은 대화형 인공지능 서비스 ChatGPT이다. 인디펜던트는 ChatGPT에 "Google을 대체할 수 있습니까?"라고 질문했다. ChatGPT는 이렇게 답했다.

'ChatGPT 및 기타 고급 언어 모델은 고유한 기능과, 보다 개인화된 사용자 경험을 제공할 수 있는 잠재력이 있습니다. 결과적으로 Google과 같은 기존 검색 엔진을 잠재적으로 대체하고 인터넷에서 정보에 액세스하기 위한 이동 도구가 될 수 있습니다.'

이 답을 기초로 기사 제목을 "Google is done. 구글은 끝났다."로 만든 것이다. 베스트셀러 《사피엔스》로 유명해진 역사학자 유발 하라리의 견해는 더 충격적이다. 그는 대표작 《사피엔스》의 출간 10주년 기념 서문을 ChatGPT에 맡기면서 "하라리처럼 쓰라"고 했고, ChatGPT는 하라리의 요청을 완벽하게 소화했다. 하라리의 반응은 "정말 AI가 썼단 말인가… 마음이 복잡해졌다."였다. 호모사피엔스 유발 하라리가 인공지능에게 느낀 불편하고도 충격적인 마음이 그대로 전달된다. 미국의 인터넷 투자자 겸 분석가 폴 케드로스키는 ChatGPT의 등장을 바이러스에 비유했다. 그는 ChatGPT가 등장한 2022년 12월 초 "OpenAI가 준비가 안 된 사회에 핵폭탄을 터트린 것은 유감"이라며 "결과를 염두에 두지 않고 바이러스를 방출했다."라고 언급했다.

실제 ChatGPT를 활용한 결과에 대한 반응들도 충격적이다. 지금까지 개별 인공지능들이 보여 준 사례는 여러 건이 있었다. 인공지능이 소설을 쓰고, 자화상 그리고, 바둑에서 인간을 이겼다는 이야기는 계속 소개되었고 그때마다 언론에 크게 보도되면서 사회에 충격을 주었지만 ChatGPT의 경우에는 그 차원이 다르다.

기존 인공지능은 특정 목적을 위해 만들어졌지만 ChatGPT는 특정 분야가 아니라 모든 분야에서 활용이 가능하다. 질문을 받고 그 자리에서 바로 답을 내어놓는 ChatGPT는 여러 분야에서 활용될 가능성이 많고 많은 분야의 직업을 대체할 가능성이 크다. 실제로 미국 공공과학도서관에서 발행하는 학술 전문지 《PLOS 디지털 헬스》는 ChatGPT가 미국 의사면허시험에서 생화학, 진단 추론, 생명윤리 3개 과목에서 합격했다고 밝혔다. ChatGPT는 미국 미네소타대 로스쿨의 4개 과목 시험도 통과했다. 95개의 객관식, 12개의 주관식 문제가 주어졌는데 ChatGPT는 C+ 수준으로 낮은 등급이긴 하지만 합격 기준을 넘었다. 펜실베이니아대 와튼스쿨 MBA 과정에선 B와 B- 사이의 학점을 받으면서 우수한 성적을 받기도 했다.

최근 몇 년간 정보통신 분야뿐 아니라 사회 전반에 걸쳐 가장 많이 회자된 단어는 4차 산업혁명이었다. 기업과 정부, 대학과 연구소, 교육기관, 심지어 시민사회단체에 이르기까지 4차 산업혁명을 알아야 조직의 미래를 담보할 수 있다고 믿었다. 수많은 책과 연구보고서가 나오고 전문가들의 강연이 끊임없이 이어졌다. 이제는 일상어가 된 4차 산업혁명은 세계경제포럼의 창시자인 클라우스 슈바프가 2015년에 포린 어페어의 기고글을 통해 시작된 개념이다. 클라우스 슈바프는 2016년 1월 20일 스위스 다보스에서 열린 세계경제포럼에서 4차 산업혁명을 키워드로 다시 제시하면서 4차산업혁명이라는 단어를 글로벌 화두로 만들었다. 당시 클라우스 슈바프는 4차 산업혁명을 다음과 같이 정의했다.

"디지털 혁명인 3차 산업혁명에 기반을 두고 있으며, 디지털digital, 물리적physical, 생물학적인biological 기존 영역의 경계가 사라지면서, 융합되는fusion 기술적인 혁명이다."

4차 산업혁명에 대한 클라우스 슈바프의 정의를 구체적으로 설명한다면, 4차 산업혁명은 단순히 기기와 시스템을 연결하고 스마트화하는 데 그치지 않고, 유전자 염기서열 분석에서 나노 기술, 재생 가능 에너지에서 양자 컴퓨팅까지 다양한 분야의 기술이 융합하여 물리적 영역, 디지털 영역, 생물 영역이 상호 교류하는 시스템이라고 할 수 있다. 디지털 테크놀로지가 만든 네트워크를 통해 모든 영역을 연결하여 통합 솔루션solution을 제공할 수 있다는 것이 주요 내용이다. 그의 주장은 미디어, 산업, 공공기관 등에서 폭넓게 수용되면서 하나의 메가트렌드로 자리 잡았고 이제 4차 산업혁명이라는 단어는 사실상 보통명사가 되어 버렸다.

■ 불분명한 4차 산업혁명 의미

그러나 슈바프가 처음 제기한 이후 지금까지도 4차 산업혁명은 상황에 따라 주체에 따라 다르게 해석되거나 편의적으로 활용된 측면이 많다. 슈바프의 이 정의는 처음부터 학문적 개념에서 출발한 것이 아니라 일종의 트렌드 선점을 위한 차원이 강해 개념이 모호한 채로 지금까지 폭넓게 사용되어 왔다. 실제로 4차 산업혁명이 나온 후에 5차 산업혁명 또는 심지어 6차 산업혁명까지 등장하고 있다. 그래서 해외보다는 국내에서 주로 쓰이는 '홍보성 슬로건'이라는 혹평도 있다.

4차 산업혁명의 개념이 모호한 이유 중 하나는 아직 일어나지 않은 변화에 대하여 추측적인 표현을 사용했기 때문이다. 이전 3차 산업혁명까지는 역사적으로 성취되었거나 평가가 사회적으로 합의된 내용을 기초로 개념화되어 사회 일반에서 수용하는 데 별문제가 없었지만, 4차 산업혁명은 일종의 미래에 대한 믿음에서 출발했기 때문에 그 정의와 주장이 모호할 수밖에 없었다. 미국의 사회학자 제러미 리프킨은 4차 산업혁명의 개념 자체를 부정한다. 제러미 리프킨은 여전히 우리가 3차 산업혁명 시대에 살고 있다면서 4차 산업혁명이 마케팅 차원의 단어라고 평가절하했다. 그러나 이런 일부 부정적인 평가에도 불구하고 4차 산업혁명이라는 단어가 갖고 있는 사회적, 미래적 함의는 여전히 우리 사회에서 위력 있게 통용되고 있다.

INDUSTRIAL REVOLUTION TIMELINE

1차

증기기관의 발명으로, 기계적인 장치에서 제품을 생산

2차

전기기관의 발명으로 대량생산이 가능해지고, 노동력을 절약

3차

정보통신 기술의 발달로 생산라인이 자동화되고, 사람은 생산라인의 점검 및 컨트롤

4차

IoT(사물인터넷)의 발달로 다품종 다량 생산 가능, 복잡한 조립 및 가공 또한 센서와 3D 프린팅 기술 등의 발달로 빠른 생산이 가능

| 1784년 | 1870년 | 1969년 | 오늘날 |

[그림 4-1] 산업혁명 연대표[1)]

[그림 4-1]에서 볼 수 있는 것처럼 1차, 2차, 3차 산업혁명은 각각 증기, 전기, 디지털 등 이전과는 차별화된 과학 기술의 등장으로 그 이전 시대와는 질적으로 다른 혁명적 전환이 이루어졌지만, 4차 산업혁명의 경우에는 일종의 3차 산업혁명의 업데이트 버전이라고 할 수 있다. 굳이 산업혁명이라는 용어를 쓸 구체적이고 명확한 신기술의 등장이 없다. 4차 산업혁명을 언급할 때 자주 등장하는 블록체인, 빅데이터, 인공지능, 로봇공학, 양자암호, 사물인터넷, 무인 운송 수단, 3D 프린팅 등 첨단 시스템들은 사실 디지털 기술의 결과물이지만 하나의 통합 시스템이라고 볼 수 없다. 구체적으로 이런 분절된 것들이 어떻게 연결되어 활용되는지에 대한 이야기는 없다. 개별적으로 보면 다 의미 있지만 실제 생활에서는 하나하나가 접근조차 쉽지 않은 것들이다.

1) 환경부 공식 블로그

예를 들어 인공지능에 대한 논의도 계속 있어 왔지만, 실제 현실에서 인공지능이 어떻게 활용되는지에 대해서는 대부분 모를 수밖에 없다. 우리가 아는 대표적 사례는 이세돌과 알파고의 바둑이다. 대부분 사람들은 알파고가 어떤 방식으로 작동하는지 알 수 없고 실제 우리는 알파고를 이용해 볼 수도 없다.

이런 모호한 개념 정의에도 불구하고 4차 산업혁명이라는 단어가 우리에게 준 의미는 분명히 있다. 우리가 4차 산업혁명에 대한 정의와 내용 중에 관심 있게 지켜봐야 될 것은 바로 네트워크다. 4차 산업혁명이 가능하기 위해서는 모든 네트워크가 연결되어 하나의 통합된 시스템으로 구축되어 원하는 답을 내어 놓을 때 의미가 있다. 예를 들어 4차 산업혁명과 관련 지어 많이 언급되는 사물인터넷이 대표적이다. 필요한 정보, 데이터, 지식을 얻기 위해서는 사람 인터넷과 사물인터넷이 연결되는 만물인터넷이 필요하다는 문제 제기가 그것이다. 특정 네트워크에서 벗어나 인간, 사물, 운송 수단 등 물리적으로 존재하고 데이터, 정보를 생산할 수 있는 모든 노드와 허브를 연결하는 글로벌 네트워크가 필요하고 이런 네트워크의 구축과 활용이 4차 산업혁명의 본질이라고 말할 수 있다. 간단히 요약하자면, 접근 가능하고 활용 가능한 네트워크라고 할 수 있다. 좀 더 풀어 정의하자면 개방과 공유의 네트워크라고 할 수 있다. 누구나 쉽게 접근할 수 있고 연결된 모든 사람이 원하는 데이터, 정보, 지식을 얻을 수 있는 네트워크가 물리적으로 구축되어야 4차 산업혁명이 도래했다고 평가할 수 있다.

이런 시기에 ChatGPT가 등장했다. ChatGPT는 4차 산업혁명이 보여 준 모호한 개념 정의를 실천적으로 설명해 주고 있다. 이제 사람들은 블록체인, 빅데이터, 인공지능, 로봇공학, 양자암호, 사물인터넷, 무인 운송 수단, 3D 프린팅 세계에 개별적으로 들어갈 필요가 없다. 그것들을 활용하기 위해 필요한 사람 인터넷, 사물인터넷, 만물인터넷이 어떻게 연결되었고 그 네트워크에 들어가기 위해서는 어디에서 출발해야 하는지에 대해 더 이상 고민할 필요가 없다. ChatGPT는 연결되어 있는 모든 것의 게이트웨이이다. 선언적으로 이야기하자면 ChatGPT를 통해 네트워크가 시작된다. 진정한 4차 산업혁명은 ChatGPT의 등장에서 시작되었고 완성되었다고 볼 수 있다. 그리고 동시에 새로운 시대의 서막을 알리기 시작했다.

▪️ 생성형 AI가 여는 지식 혁명

산업혁명으로부터 시작된 근대화는 일차적으로 에너지의 인공적 활용을 가능케 한 과학 기술의 발전에서 시작되지만 본질적으로는 지식의 민주화, 사회적 활용, 개인들의 자유로운 활용 등 지식의 대중화 발전 정도와 깊은 관련이 있다. 지식의 독점에서 대중화로 이월되는 정도에 따라 사회는 그만큼 전진했고 과학 기술은 이런 여정에 물리적 시스템을 제공해 왔다. 지식은 대중이 소비와 생산을 포함한 자본주의적 생산 양식의 주체로서 참여하는 중요한 계기를 마련했고 지식의 대중적 활용이 증가하는 정도에 따라 사회는 발전했다. 인쇄술의 발달, 사전과 표준어 확립, 대중 교육, 매스미디어의 등장 등 지식은 역사적으로 어느 변곡점마다 자신의 영역을 사회전반으로 확장시키려는 노력을 계속해 왔다. 이런 변곡점 중 가장 최근에 등장한 그리고 가장 의미 있는 기술의 등장이 인터넷으로 대표되는 디지털 테크놀로지의 등장이다.

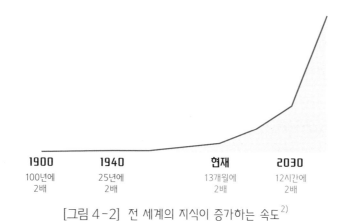

1900	1940	현재	2030
100년에 2배	25년에 2배	13개월에 2배	12시간에 2배

[그림 4-2] 전 세계의 지식이 증가하는 속도[2]

디지털 테크놀로지가 발전하면서 시작된 정보사회, 후기 산업사회 또는 4차 산업혁명이 우리 사회에 가져온 본질적 변화는 인간의 정신, 물질 체계를 구성하는 데이터, 정보, 지식의 대중적 활용을 혁명적으로 증가시켰다는 사실에 있다. 1900년대에는 인류의 지식이 2배가 되는데 100년이 걸렸으나, 인터넷이 등장한 이후로는 그 기간이 급속도로 단축되고 있다. 약 1년이면 지식의 양이 그 이전 년보다 2배 이상이 되고 있다. 시간에 비례해서 일정 비율로 증가하던 지식의 양이 지

2) IBM 2013

수적으로 증가하는 현상을 보이고 있다. 최근 몇 년 사이에는 그 증가 속도가 더 가파르게 올라가고 있다.

데이터, 정보, 지식이 폭발적으로 늘어나고 지식의 대중적 활용 역시 비례하여 늘어나면서 데이터, 정보, 지식 기반의 산업들에 기회가 생기고 시장이 커지기도 했다. 그러나 정보가 많아지면서 동시에 정보 불평등도 발생했다. 쏟아지는 정보를 잘 처리할 수 있는 체계를 가지고 있는 사람과 그렇지 않은 사람의 생산성의 차이가 발생하기 시작했다. 사람들은 자신이 원하는 정보가 어딘가에 존재하는 서버에 있다는 것을 알고는 있지만, 네트워크를 통해 어떻게 접근할지 쉽게 알 수 없다. 유일하게 접근할 수 있는 통로가 구글과 같은 검색 엔진을 통해 키워드를 입력시키는 방식이었다. 알고 싶은 내용을 찾기 위해 키워드를 입력하면 수많은 URL 링크가 올라온다. 지금까지는 기존 인터넷 검색 방식이 이런 역할을 나름 잘 수행해 왔다. 검색 설루션을 통해 많은 사람이 지식을 검색했고 적절한 답을 구해 활용했다. 그러나 글로벌하게 생산되는 수많은 데이터, 정보, 지식 중에서 선택할 수 있는 것은 제한적이었다. 언어의 문제 또는 편향성의 문제 등이 있어 이용 주체에 따라 그 활용도는 크게 차이 날 수밖에 없었다. 검색 결과 상위 노출을 위한 기업의 마케팅 기법도 검색 결과에 대한 신뢰를 훼손하고 있다. 원하는 결과가 아니라 대중 일반이 많이 조회한 사이트를 먼저 볼 가능성도 많다. 모두 기존 검색 시스템이 갖고 있는 한계였다. 정보의 증가가 오히려 정보 격차에 따른 불평등을 조장한다는 비판으로 연결되기도 했다.

ChatGPT로 시작된 대화형 인공지능은 기존 검색 시스템의 한계를 극복하면서 등장했다. 대화형 인공지능의 등장으로 이제 지식의 범용적 활용이 본격적으로 가능해졌다. ChatGPT는 언어에 상관없이 질문의 내용을 이해하고 글로벌하게 분산되어 있는 개별 서버에 저장되어 있는 데이터, 정보, 지식을 찾아내 가공하고 재구성해서 답을 내어 놓는다. 현재 ChatGPT 버전은 초기 단계라 일부 오류 및 부정확한 답변 등으로 논란이 있지만, 이런 문제점은 시간이 지나면서 점차 해결되고 있다. 예를 들어 한국의 대통령을 묻는 질문에 ChatGPT는 '제가 알기로는 현재 대한민국 대통령은 문재인입니다. 문 대통령은 더불어민주당 소속으로 2017년 5월에 대통령으로 당선되었습니다. 인권변호사 출신으로 노무현 전 대통령의 비서실장을 역임했습니다."라고 답변했다. 그러나 불과 한 달 만에 ChatGPT는 다음과 같이 답변했다. "저는 인공지능 언어모델이며, 현재 시점에서 제가 알고 있는 정보는 2021년 9월 이전까지의 것입니다. 그러나 9월 이전에는 대한민국 대통령으로 문재인 대통령이 있었습니다. 현재2023년 3월 15일의 대통령은 저는 알지 못합니다." ChatGPT가 오류나 부정확한 대답을 교정하는 속도는 일반적 예측보다 더 빨라질 것으로 보인다.

　향후에도 이런 오류는 어느 정도 발생하겠지만 머신러닝을 통해 꾸준하게 업데이트된다는 것을 감안한다면 초기 론칭 후 겪는 일반적 이슈라고 생각할 수 있다. ChatGPT는 현재 버전에서도 이미 글로벌적 충격을 가져왔지만 계속 업데이트 중에 있고, 적어도 1년 안에는 지식의 생태계를 근본적으로 변화시킬 것으로 예상된다. 이제 본격적으로 지식의 범용적 활용이 가능한 지식 혁명의 시대가 열리기 시작했다.

《구글 신은 모든 것을 알고 있다》라는 제목의 국내 저서가 있다. 구글 신은 모든 것을 알고 있을지 몰라도 친절한 신은 아니다. 결과를 얻기 위해서는 많은 시간과 노력을 바쳐야 한다. ChatGPT 역시 모든 것을 알고 있지만 매우 친절한 신이다. ChatGPT는 사실상 우리가 상상할 수 있는 거의 모든 분야의 전문 지식을 갖고 있고, 전문가 수준의 유창한 답변을 제시할 수 있다. 사실상 모든 분야에서 활용 가능해 보인다. 교육, 기업, 정부 등에서 새로운 계획 수립할 때 그 기본 자료를 충분히 제공할 수 있다. 경제 관련 문의, 코딩 기술, 고양이 키우는 방법, 소설 창작 등 인간의 지적 활동이 필요한 여러 분야에서 적절한 답을 제공할 수 있다. 이제 중요한 것은 질문하는 방식이다. ChatGPT는 질문하는 사람에 따라 다른 답을 내놓지 않는다. 같은 질문이라면 그 결과도 같다. 중요한 것은 다른 질문을 얻어낼 수 있는 창의성이다. 창의적 질문이 중요하다. 이제 우리는 지식의 창조적 활용이 일상화되는 시대에 들어섰다.

■ 다시 지식, 질문이 중요해진 시대

ChatGPT에 한국어로 질문했다. "해는 어디에서 뜨나요?" 이 질문이 원하는 답은 동쪽, 동해바다 등 우리 한국인가 일반적으로 알고 있는 것을 ChatGPT가 알고 있는지 확인하는 질문이다. 여기에 대한 ChatGPT의 답은 이렇다.

"제가 질문을 잘 이해하지 못했어요." (2023.2.12.)

이 답에서 우리가 알 수 있는 것이 질문의 중요성이다. 한국인들이 이 질문을 하는 경우는 극히 예외적이다. 어린아이들에게 자연 현상에 대한 기초 지식을 알려줄 때 주로 이용한다. 실제 일출과 일몰은 지구의 자전에서 생기는 과학적 현상이지만, 어린아이들에게 간단한 지식을 알려줄 필요가 있을 때 이 질문을 던지고 동서남북에 대해 알려준다. 성인들 사이에서는 필요 없는 질문이다.

물론 같은 질문이 반복되면 ChatGPT는 학습을 통해 질문자가 원하는 것에 비교적 더 가까운 답을 내놓는다. "해는 어디에서 뜨나요?" 이 질문을 한 달 후에 다시 했고 그 답은 다음과 같았다. "해는 지구의 주변을 돌면서 지구의 중심에 대해 회전하는 태양 주위에서 뜹니다. 따라서 해가 뜨는 지점은 지구의 동쪽 지평선입니다. 해가 뜨는 시간과 위치는 계절, 지리적 위치, 일출과 일몰 시간 등 여러 가지 요인에 의해 결정됩니다." 2023.3.15. 이 답변이 처음 답변보다는 좀 더 충실하지만 이 답변 역시 활용하기에는 부족하다. 해가 뜨는 지점이 꼭 '지평선'만은 아니기 때문이다. 질문이 적절하지 못하면 원하는 답을 얻기 힘들다.

여기서 알 수 있는 것은 ChatGPT는 기본적으로 글로벌하게 통용되는 보편적 지식을 전제로 한다는 것이다. 우리가 한글로 질문한다고 해도 ChatGPT는 내부 시스템에 의해 글로벌 서버에 있는 관련 정보들을 가져다가 적절한 답을 제공해 준다. 즉 질문 자체가 중요해지는 것이다. 질문이 보편적일 때 그 답 역시 적절해진다. 다른 예를 보자. ChatGPT에 "AI와 인간의 지능이 다른 점은 무엇일까?"라고 질문했다. 대답은 이랬다.

"AI와 인간의 지능은 여러 측면에서 차이가 있습니다. 일반적으로, AI는 인간의 지능과 비교할 때 일부 특정 영역에서 인간보다 우수할 수 있습니다. 예를 들어, 인간이 가지고 있는 감각과 직관을 가지고 있지 않아도 수많은 데이터를 처리하고 분석할 수 있습니다. 그리고 인간이 처리하기 어려운 수학적 연산도 손쉽게 처리할 수 있습니다. 그러나 AI는 지금까지 인간의 인지, 의사결정, 창의적 사고 등 인간의 인지능력과 같은 분야에서 인간보다 우수한 성능을 발휘하지 못했습니다. 또한, AI는 인간의 생각과 감정을 이해하기 어렵고, 인간과 같은 사회적 관계를 이루기 어렵습니다. 이러한 점에서 AI와 인간의 지능은 상당히 다릅니다."

필자가 보기에 이 답변이 완벽하다고는 볼 수 없지만 짧은 문장 안에서 AI와 인간 지능의 차이를 적절하게 설명하고 있다. 답변 내용 중 AI는 "인간과 같은 사회적 관계를 이루기 어렵습니다."라는 문장은 AI와 인간의 지능의 본질적 차이라고 할 수 있다. 이어 두 번째 질문을 했다. "지금까지는 AI가 인간보다 우수한 성능을 발휘하지 못하고 있지만 미래에는 가능할까?"

"AI가 인간의 인지 능력과 같은 분야에서 우수한 성능을 발휘할 수 있을지 여부에 대해서는 의견이 다릅니다. 일부 전문가들은 AI가 인간과 같은 인지 능력을 갖게 될 가능성이 있다고 생각합니다. 그러나, 다른 전문가들은 인간과 같은 인지 능력을 가지기 위해서는 인간과 같은 생각과 감정을 가지고 있어야 하며, 이는 인간과 같은 생명이 존재해야 한다고 주장합니다. 이러한 이유로 인간과 같은 인지 능력을 가지게 될지 여부는 지금까지 알려진 지식으로는 예측할 수 없습니다."

이 답변 역시 적절하다. 몇몇 미래학자나 IT 전문가들은 '특이점 singularity' 개념을 사용해 '기술이 인간을 초월하는 순간'을 말하고 있지만 그것은 하나의 예측이라고 볼 수 있다. 실제로 더 많은 학자는 인공지능과 인간 지능은 다른 차원이라고 말하고 있다. 인공지능은 수학적 알고리즘에 의해 작동되는 고도화된 연산 체계라고 할 수 있지만, 인간 지능은 본능을 포함해 호모 사피엔스가 수억 년 생존해 오면서 체득한 생존 본능에 필요한 많은 것이 포함되어 있다.

인간의 지능 중 수학적 연산 능력 등 일부만 떼어내어 비교한다면 모르겠지만, 인간 지능은 단지 지능의 문제일 뿐 아니라 생존과 연결된 무수히 많은 메커니즘의 일부일 뿐이다. 예를 들어 바둑과 같은 특수한 경우에는 인공지능이 인간 지능을 뛰어넘는 것이 가능할 수 있다. 알파벳의 구글 딥마인드에서 개발한 바둑 인공지능 프로그램 알파고의 경우 프로 기사를 맞바둑으로 이긴 최초의 프로그램이자 등장과 동시에 바둑의 패러다임을 완전히 바꿔 버린 인공지능으로 부각되었지만 단지 바둑에서 이겼을 뿐이다.

ChatGPT는 질문에 따라 원하는 결과가 안 나올 수도 있고 잘못된 답변이 나올 수도 있다. 위험한 질문에 대한 답을 너무 정확하게 답변하는 경우도 있을 수 있다. 그러나 이런 위험 부담을 모두 ChatGPT에만 부담시키는 것은 부적절해 보인다. 역사적 시기마다 혁명적 기술이 등장했고 그만큼 사회는 발전했지만 어느 기술이라도 Total Solution은 될 수 없다. 개별 기술들은 사용 주체에 따라 또는 목적에 따라 사회에 다른 영향을 미칠 수밖에 없다. 우리는 ChatGPT에 모든 것을 기대할 수 없다. 그러나 적어도 한 가지 사실은 분명해 보인다. ChatGPT는 인터넷 등장 이후 인간이 만든 최고의 발명품이고 호모 사피엔스와 가장 유사한 지능 체계다. ChatGPT는 사피엔스와 지적 대화가 가능한 새로운 형태의 지능 체계다. 이 새로운 지능 체계가 인공지능 진화의 마지막 단계에서 가장 성숙한 모습으로 우리 앞에 나타났다. 사피엔스의 다른 형태, 뉴사피엔스의 등장을 우리는 지금 목격하고 있다. 인간의 지능처럼 뉴사피엔스 역시 새로운 환경에 적응해 가면서 자신의 능력을 확장하고 있다. 뉴사피엔스 진화의 끝을 현재로서는 예측할 수 없다. 지금 우리가 할 일은 뉴사피엔스와 공존하면서 더 나은 미래를 위한 설루션을 찾아야 하는 것뿐이다.

새로운 시대가 열렸다. ChatGPT 또는 ChatGPT로 대표되는 인공지능 기반 질문의 시대가 이제 시작되었다. 단기간에 많은 사용자를 얻으면서 글로벌 이슈가 되었다. 사람들이 환호하는 이유는 ChatGPT 또는 ChatGPT로 대표되는 인공지능이 새로운 시대를 열 것이라는 희망과 기대가 있기 때문이다. ChatGPT는 4차 산업혁명이 만든 불투명한 커튼을 걷어내고 지식 혁명에 기초한 '찐' 4차 산업혁명, 포스트 4차 산업혁명의 첫걸음을 내딛기 시작했다. ChatGPT와 함께 우리는 새로운 시대의 초입에 들어서 있다.

05 머리와 손이 편해지는 생성형 AI 서비스는?

- 창업 멘토 전문가가 묻다

박범철

(경영학 박사, 광운대학교 겸임교수)

사용자: ChatGPT를 활용하면 실생활에 편리한 기능을 세 가지만 알려 줘.

ChatGPT:

번역 기능: ChatGPT는 다양한 언어를 지원하며, 사용자의 입력을 받아 자동으로 번역해 줄 수 있습니다. 이 기능을 활용하면 다른 언어를 사용하는 사람과 소통할 때 편리하게 사용할 수 있습니다.

자동 완성 기능: ChatGPT는 입력한 문장을 분석해 다음에 올 단어나 문장을 예측해 자동 완성해 줄 수 있습니다. 이를 통해 입력 시간을 단축하고 오타를 방지할 수 있습니다.

정보 검색 기능: ChatGPT는 다양한 분야의 정보를 학습하고 있으며, 사용자의 질문에 대한 답변을 제공할 수 있습니다. 이를 통해 필요한 정보를 빠르게 검색해 볼 수 있습니다.

ChatGPT가 알려 준 세 가지는 직접적이고 단순한 기능에 불과하다. ChatGPT와 다른 서비스를 결합하거나, 다른 생성형 AI를 활용하면 머리와 손이 다 편해질 수 있다. 수많은 기능이 있겠지만 11가지만 엄선해 소개한다.

1. AI로 자동으로 책 만들고 팔기(autosheets.ai의 Self Help Book Writer)

ChatGPT를 활용하여 글쓰기와 책을 만드는 데 도움을 받을 수 있다는 것은 앞에서 이미 언급하였다. 그런데 실제 ChatGPT를 사용하여 책을 만들어 보면 '책제목 – 목차 – 큰 단원 – 세부 단원 – 사례 – 결론' 형식으로 사람이 책 내용에 대해 세부적인 질의를 반복적으로 해야 된다. 즉 책의 구성과 내용에 대해 어느 정도 사람의 지식과 노력이 요구된다. 이러한 불편함을 autosheets.ai의 Self Help Book Writer라는 서비스가 해결해 준다. 엑셀 형식의 매크로 프로그램[그림 5 –1]으로, 앞에서 언급한 책의 전체 구성은 물론 세부적인 내용을 반복적이고 자동으로 ChatGPT에 질의하여 사람의 추가 도움 없이도 자동으로 책을 만들어 준다. 필자가 시험 삼아 작성해 보니저자는 책의 기본 콘셉트, 키워드를 30자 정도 입력함 영문 200쪽 정도의 책을 만드는 데는 약 1시간 정도 소요되고, 아마존에서 디자인 자동 생성형 도구를 사용해서 아마존에 전자책으로 등록하는데 30분 정도가 소요되었다. 즉 주제와 키워드를 입력만 하면 아마존에 전자 도서로 등록하는데 대략 1시간 30분이면 가능하였다.

A1			Self Help Book Writer	
	A	B	C	D	E
Self Help Book Writer	(Pink will be included in the book. Blue are internal notes for you and the AI, which you can also edit to guide the AI)			
Instructions for GPT:	Write 6 descriptions of potential books abc	Which of these book ideas offer the most value to the reader and will be the most enticing:	Identify: Choose at random a successful author that you are familiar with, who writes about similar content to: <C>	="Write in the same style as " & D6 & " But in a way that a 10 year old can understand. With short concise paragraphs.
		<B>		Make the content self relevant to the reader, using words like 'you'.
		Repeat the whole idea.	Tell me the autoher's name and most successful work:	
		Best idea:		Refer to the author as 'the author', do not use the author's name."
what is the book about	ideas will appear here	paste your chosen idea here	chosen writing style	description of writing style

[그림 5-1] Self Help Book Writer[1]

[그림 5-2] 아마존에 등록한 전자도서[2]

2. 디지털 아트 디자인도 뚝딱(Midjourney, WebUI)

2D, 3D 이미지 생성형 AI가 다양한 분야에서 크게 이슈화되고 있다. 2023년 2월 서울장애인종합복지관은 인공지능으로 그린 '2023년 사업 모토' 포스터를 공개했다.[그림 5-3] "챗지피티 이슈 속에서 AI 관련 프로그램을 복지관 사업 영역에 적용 시도함으로써 관련 정보도 수집

---

1) 출처 : autosheets.ai(https://autosheets.ai/)

2) 필자와 ChatGPT 공저

[그림 5-3] 인공지능으로 그린
'2023년 사업 모토' 포스터

[그림 5-4] 신한금융그룹 자사의
지면 광고 포스터

분석하기 위한 기회로 삼고자 제작한 AI 그림은 생성형 AI 프로그램인 미드저니Midjourney 프로그램을 사용했습니다.³⁾" 복지관은 이 포스터를 홈페이지에 올리면서 이와 같이 설명하고 있다. 실제 지난해 미국의 미술전에서 이 프로그램Midjourney으로 제작한 작품이 1위를 차지해 논란도 있어서 이제 생성형 AI을 활용한 디지털 아트는 크게 낯설지도 않다.

진작 발 빠르게 움직이는 곳은 당연히 AI 기술을 활용해 비용을 절감하려는 기업들이다. 신한금융그룹은 2022년 11월 자사의 지면 광고 포스터에 들어가는 그림을 사람이 아닌 AI가 그린 그림으로 사용했다. 기업들은 기존에는 디자이너들이 작업하여야 했던 그림 등 디자인 작업을 24시간 쉬지 않는 AI로 대체하면 인건비가 절감될 것으로 예상하고 있다.

---

3) https://seoulcbid.or.kr/bbs/board.php?bo_table=0701&wr_id=14336

특히 실사 그림으로 여러 소셜미디어에서 화제가 되고 있는 WebUI Stable Diffusion WebUI는 오픈 소스로서 무료 설치[4]가 가능하고 초보자도 쉽게 사용할 수 있다.

[그림 5-5] WebUI 편집 화면

3. 작곡도 AI가···(아마존 DeepComposer와 OpenAI Jukebox)

AWS DeepComposer는 아마존 웹서비스AWS에서 제공하는 음악 생성형 서비스로, 음악 작곡을 쉽고 빠르게 할 수 있도록 한다. 이 서비스를 통해 여러 가지 장르와 스타일의 음악을 생성할 수 있는데, 사용자는 웹 브라우저상에서 멜로디를 입력하고 생성하고자 하는 스타일

4) https://github.com/AUTOMATIC1111/stable-diffusion-webui

과 장르를 선택하면 자동으로 음악이 생성된다. 또한, 사용자가 생성한 음악을 MIDI 파일 형태로 내보낼 수 있으며 다른 음악 소프트웨어에서도 사용할 수 있다. 즉 AWS DeepComposer를 사용하면 음악 작곡에 대한 지식이나 경험이 없더라도 쉽고 빠르게 음악을 만들 수 있다.

[그림 5-6] AWS DeepComposer Chartbsters Bach 수상작들[5]

OpenAI의 Jukebox도 인공지능 기술을 활용하여 음악 생성 및 변환을 수행하는 음악 생성형 모델이다. 이 모델은 딥러닝 기술을 사용하여, 입력된 멜로디와 가사를 분석하고 다양한 장르와 스타일의 음악을 생성할 수 있도록 한다. 또 기존의 음악을 변환하여 다른 장르나 스타일로 재해석하는 것도 가능하다.

---

5) https://aws.amazon.com/th/blogs/machine-learning/announcing-the-winner-for-the-aws-deepcomposer-chartbusters-bach-to-the-future-challenge/

4. 어려운 프레젠테이션 PPT도 자동으로(tome.app, 마이크로소프트 오피스 Designer 기능)

PPT 생성형 AI는 인공지능 기술을 활용하여 자동으로 프레젠테이션 슬라이드를 생성하는 기술이다. 사용자가 프레젠테이션 슬라이드의 구조, 내용 등만 입력하면, AI가 이를 분석하고 PPT 슬라이드를 자동 생성한다. 이러한 서식 자동 AI는 다양한 제품들이 있는데, 예를 들어 Tome app (https://beta.tome.app/)은 아직까지는 베타 버전이기는 하지만 다양한 템플릿을 무료로 제공함으로써 보다 효율적으로 프레젠테이션 자료의 자동 생성을 지원하고 있다.

다음 [그림 5-7]은 Tome app의 편집 화면으로, 사용자에게 업무별 다양한 주제의 템플릿을 제공하고 스토리텔링을 통해 프레젠테이션 자료를 편리하게 생성하도록 도와준다. 이는 다양한 분야에 적용될 수 있다. 마케팅에서는 더욱 전문적인 프레젠테이션을 효율적으로 제작할 수 있고, 교육 분야에서는 이 서비스를 활용하여 강의자들이 보다 쉽게 강의 자료를 제작하고, 학생들이 보다 쉽게 이해할 수 있는 강의를 할 수 있다. 그리고 기업에서 제품 기획 제안 시 텍스트, 이미지, 비디오를 일관된 내러티브narrative로 설득력 있게 고객을 몰입시킬 수 있다.

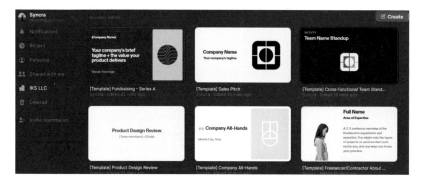

[그림 5-7] Tome app의 편집 화면

마이크로소프트 오피스 365 파워포인트의 인공지능AI 기능이 한층 강화됐다. 새로워진 디자이너Designer 기능은 각 슬라이드에 적합한 고품질 디자인 및 테마를 자동으로 추천하고, AI가 실시간으로 발표 리허설을 돕는 기능도 있다. 디자이너 테마 아이디어Designer theme idea는 AI가 슬라이드의 키워드를 분석해 알맞은 고화질 이미지와 디자인 레이아웃, 테마 등을 추천하는 기능이다. 빈 슬라이드에 키워드를 기입하면 바로 실행되는 만큼, 신속하고 효율적으로 슬라이드를 제작할 수 있다.

[그림 5-8] 키워드만으로 만들어 내는 고품질 슬라이드 샘플[6]

---

6) https://news.microsoft.com/ko-kr/2019/06/20/powerpoint_new_ai/

'발표자 코치Presenter's Coach'는 리허설을 실시간으로 돕는 AI이다. 사용자가 리허설 모드rehearsal mode로 접속하여 발표하면, AI가 개선 사항을 실시간으로 분석한다. 연사자의 발표 속도를 조정하는가 하면, 각 나라의 문화적 성향을 반영하여 민감한 사항 등을 알려 준다. 발표를 마치면 그 분석 결과를 수치화해 추후 개선을 위한 노하우 및 팁을 제공한다.

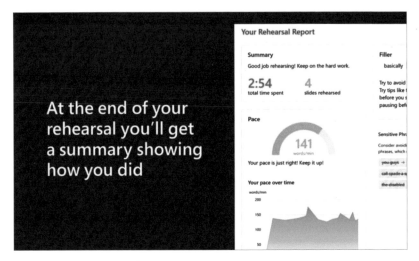

[그림 5-9] 발표자 코치Presenter's Coach 기능

5. 자연스러운 사람의 목소리 생성(Neural2, WaveNet)

Neural2는 딥러닝을 활용한 음성 생성 기술 중 하나로, 다양한 분야에서 활용 가능한 기술이다. 입력된 모니터 텍스트가 음성으로 자동 전환되어 음성 교육, 음성 안내, 채팅 등 다양한 분야에서 활용된

다. Neural2의 Text to Speech TTS 기능은 영상 분야까지 확대 적용되고 있는데, 입력된 텍스트를 비디오 음성 출력으로 변환할 수 있어 영상 분야에서 많이 선호되는 기술 중 하나이다.

WaveNet 또한 딥러닝 기반의 음성 생성형 모델로, 실제로 사람의 목소리와 거의 구분할 수 없을 정도의 음성을 생성할 수 있다. 음절, 음소, 단어에 인간과 매우 비슷한 강세와 어조를 사용하여 음성을 합성하고 있다. 이 모델은 Google DeepMind에서 개발한 딥러닝 모델 중에서 가장 다양하게 활용되는 생성형 AI 모델이다.

국내 제품으로는 CLOVA Voice가 있는데 음성 합성 기술과 서비스를 무료로 체험해 볼 수 있다. 실시간 음성 생성이 가능한 neural vocode를 사용하여 실제 사람의 목소리와 거의 유사한 음성을 생성할 수 있다.

6. 비디오 자동 생성(GitHub Table Diffusion Videos, Make-A-Video)

GitHub Table Diffusion Videos는 GitHub에서 공개된 비디오 생성형 서비스이다. 이 서비스는 Stable Diffusion 기술을 사용하여 GitHub의 코드와 테이블 데이터를 기반으로 비디오를 생성한다. 이러한 인공지능은 자연어 처리와 딥러닝 기술을 결합하여, GitHub의 오픈 소스 프로젝트와 관련된 텍스트 데이터를 수집하고 분석하고, 이 데이터를 바탕으로 생성된 테이블과 코드를 시각적으로 표현하여 비디오로 만들어 준다.

메타구 페이스북의 새로운 AI 텍스트-동영상 생성기인 Make-A-Video는 몇 개의 문구만으로 재미있는 단편 영화를 제작할 수 있다. 이 서비스는 GAN Generative Adversarial Networks 이라는 딥러닝을 사용하여 비디오를 생성한다. 메타는 '폭우 속을 걷는 젊은 부부'와 '인물을 그리는 테디베어'와 같은 텍스트 프롬프트에서 생성된 예제 비디오를 선보였다. 또 AI 모델을 통해 처리된 거북이가 수영하는 영상과 같이 소스 이미지를 가져와 애니메이션으로 만드는 기능도 소개했다.[7]

[그림 5-10] 텍스트 프롬프트 "폭우 속을 걷는 젊은 부부"에서 생성한 비디오[8]

7) 출처 : AI타임스(https://www.aitimes.com)
8) 사진 : 메타

동영상을 자동으로 만드는 서비스로는 DESIGNS.AI https://designs. ai 의 VIDEOMAKER가 있는데, AI 기반 비디오 생성 및 편집 도구를 사용하여 몇 분 만에 텍스트를 비디오로 쉽게 변환할 수 있다. 이외에도 이 회사의 다른 제품들을 활용하여 자동으로 로고 및 배너를 생성할 수 있고, 간단한 텍스트 입력으로 다양한 디자인 템플릿과 아이콘들을 만들 수 있다.

[그림 5-11] VIDEOMAKER[9]

7. 프로그램 자동 코딩하기(GitHub)

GitHub는 프로그램 코드 생성형 AI인 코파일럿 Copilot 에 텍스트/음성 명령을 사용해 코드를 생성하도록 지시할 수 있는 새로운 기능을 제공한다. GitHub Copilot은 OpenAI와 GitHub가 공동으로 개발한 AI 기반의 코드 생성형 도구이다. 이 도구는 주석이나 함수 이름에 담긴 의미를 파악하여 코드를 자동 완성한다.

---

9) https://designs.ai/kr/videomaker

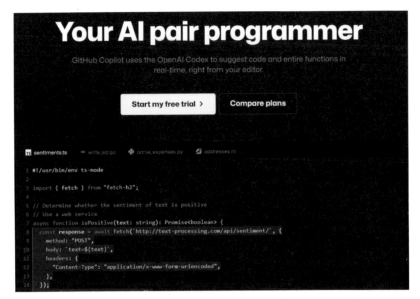

[그림 5-12] 코파일럿_{Copilot}[10]

```python
1  import urllib.request, json
2
3  def get_repositories(org):
4      """List all names of GitHub repositories for an org."""
5      url = 'https://api.github.com/orgs/' + org + '/repos'
6      request = urllib.request.Request(url)
7      response = urllib.request.urlopen(request)
8      data = json.loads(response.read().decode())
9      return [repo['name'] for repo in data]
```
⚙ Copilot

[그림 5-13] 주석을 코드로 변환한 사례

10) https://github.com/features/copilot/

8. 복잡한 스프레드시트 수식 자동 작성(ChatGPT + 구글 시트, 마이크로소프트 오피스 365)

학기 말에는 학생들의 성적 집계 및 통계 보고를 해야 하는 A 선생님은 이때쯤 되면 항상 골치를 썩는다. 문제는 A 선생님은 엑셀 함수나 서식에 대해서는 거의 백치 수준에 가깝기 때문이다. 하지만 A 선생님의 고민을 해결하기 위해 ChatGPT와 구글 시트가 뭉쳤다. 생성형 AI인 ChatGPT로 구글 스프레드시트의 데이터를 간단한 문장으로 쉽게 가공할 수 있다. 사용자는 구글 스프레드 시트에서 GPT for Google Sheets and Docs라는 확장 프로그램만 등록하면 된다.

마이크로소프트의 엑셀도 최근에 AI 기능을 도입하였는데, '아이디어'는 사용자가 Office의 모든 기능을 활용하도록 돕는 AI 기반 인사이트 서비스이다. 쿼리 상자에 질문을 입력만 하면 데이터 분석 Analyze Data 툴이 자동으로 그 결과를 만들어 스프레드시트에 삽입해 준다. 미리 준비된 질의를 선택해도 되고 사용자가 직접 질의 문장을 입력해도 된다.

제안 된 질문 시도

데이터 분석 창 상단에 있는 텍스트 상자를 선택하면
데이터를 기반으로 한 제안 목록이 표시됩니다.

간단히 질문 하세요.

데이터에 대한 특정 질문을 입력할 수도 있습니다.

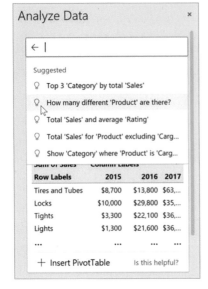

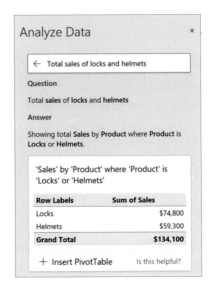

[그림 5-14] 마이크로소프트의 엑셀[11]

9. 자동 홈페이지 만들기(Mixo)

홈페이지를 간단히 만드는 지원 도구는 많다. 대표적으로 Wix 웹
사이트 편집기 등이 있는데, 이 도구들도 초보자에게는 어렵기는 매
한가지다. 하지만 자신이 원하는 웹페이지에 대해 간단한 글text만 입

---

11) 출처 : https://support.microsoft.com/ko-kr/office/excel%EC%9D%98-%EB%8D
%B0%EC%9D%B4%ED%84%B0-%EB%B6%84%EC%84%9D-3223aab8-f543-4fda-
85ed-76bb0295ffc4?ui=ko-kr&rs=ko-kr&ad=kr)

력하면 자동으로 웹페이지를 디자인해 주는 흥미로운 사이트들이 있다. Mixo.io가 그런 서비스를 제공하고 있다.

[그림 5-15] Mixo 홈페이지[12]

기업 및 제품/서비스 아이디어에 대한 간단한 설명만 입력하면 Mixo가 몇 초 만에 전체 웹사이트 콘텐츠를 생성한다. 코드나 디자인이 필요 없는 멋진 랜딩 페이지로 자신의 사업을 시작할 수 있으니 초기 창업자에게는 정말 유익하다. 필자가 '기업의 재무 전략을 수립해 주는 컨설팅 서비스를 제공하는 회사'라고 등록하자, 로고, 회사 설명, 그림, SEO, 게시판 등이 있는 멋진 홈페이지가 30여 초 만에 뚝딱 만들어졌다.

---

12) https://www.mixo.io/

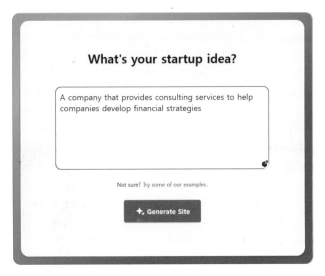

[그림 5-16] 샘플: 기업 아이디어, 제공 서비스 내용 등록

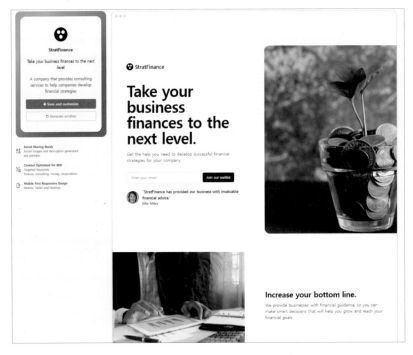

[그림 5-17] 샘플: Mixo가 만들어 준 홈페이지

10. 자동 블로그 만들기[뤼튼(WRTN)]

뤼튼wrtn.ai 은 블로그 포스팅을 자동으로 지원하는 국내 AI 서비스이다. 사실 뤼튼은 블로그 포스팅만 지원하는 생성형 AI는 아니다. 강력한 Text generate AI 플랫폼을 기반으로 도서 및 문서 제작, 자기소개서 작성, 인스타 피드, SNS 광고 문구 자동 제작 등 다양한 서비스를 제공한다.

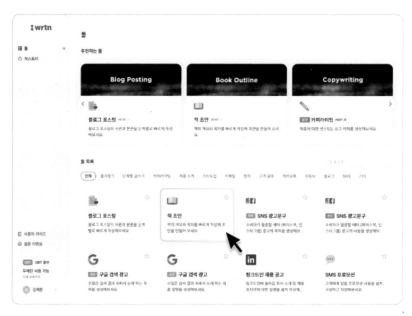

[그림 5-18] 뤼튼wrtn.ai

다양한 전문가들과 수요자들 간의 매핑 서비스를 제공하는 크몽 https://kmong.com/ 역시 자동 블로깅SEO 콘텐츠 지원 의 GPT 서비스를 출시할 예정이다. 아직 구체적인 서비스 내용은 공개되지 않았지만

DELL – E 2, Stable Diffusion 등을 활용한 AI 라이팅 및 이미지 제작도 고려하고 있다.

11. 제품 디자인, 광고 문구 자동 제작(Typeface)

Typeface https://www.typeface.ai/에는 기존 이미지, 웹페이지 콘텐츠, 구글 및 메타 광고 등 고객이 제공한 자산을 학습하는 Blend라는 AI 플랫폼이 있다. 마케팅 용도의 크리에이티브는 사용자가 제시한 제품의 콘셉트와 브랜드에 적합한 이미지를 생성하고, 이를 적절히 설명하는 소셜 게시물, 광고 자료 등을 자동으로 만들어 준다. 이러한 제품 디테일은 그 제품의 이미지와 브랜드에 최적화된 글꼴, 로고, 색상 등으로 구성된다.

Typeface의 Instagram Ad 서비스에서 Generate Image에 자신이 원하는 제품 스타일과 콘셉트 등을 입력하면 [그림 5 –19]와 같이 원하는 제품 디자인 사진이 만들어진다. 또한, 그 제품에 대한 상세한 설명을 Generate Text에 입력하면 최적화된 광고 문구가 만들어져 이를 바로 인스타그램에 올릴 수 있다. 이 제품은 서비스가 나오기도 전에 시리즈 A 스타트업 최초 투자금이 되는 시드머니로 738억 투자 유치하였다.

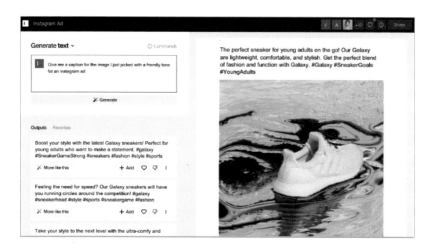

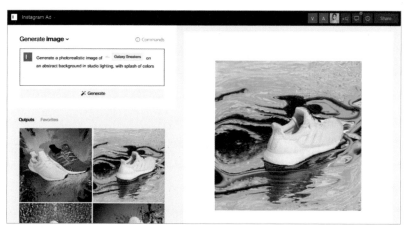

[그림 5-19] Typeface의 Instagram Ad 서비스

떠오르는 직업 - 프롬프트 엔지니어(Prompt Engineer)

인공지능의 다양한 쓰임새를 활용하여 새로운 창업 아이디어 기회로 삼거나 기업 내 업무를 혁신하려는 도전이 늘고 있다. 그런데 실제 AI로부터 혁신적인 아이디어를 얻으려면 사람이 혁신적인 질의를 해야 한다. 그래서 주목받고 있는 직업이 프롬프트 엔지니어이다. 즉 생성형 AI 도구에 입력하는 명령 글인 프롬프트를 전문적으로 만들어 주는 사람이다. 최근에는 이러한 전문인들을 수요자들과 연결해 주거나 좋은 프롬프트를 판매하는 PromptBase(https://promptbase.com)와 같은 Prompt Marketplace도 활성화되고 있다.

생성형 AI,
창업에 도움이 될까
- AI산업 전문가가 묻다

이재은
(공학박사, 인공지능 스타트업 대표, 전 KT 임원)

 사용자: ChatGPT를 잘 활용하면 돈을 벌 수 있을까. 다섯 줄로 요약해 줘.

 ChatGPT: 저는 정보를 제공하는 인공지능 대화 모델입니다. 따라서 이를 활용하여 돈을 벌기 위해서는 그에 맞는 비즈니스 모델과 방식을 고안해야 합니다. 이를 위해서는 ChatGPT를 활용하여 제공할 수 있는 가치를 파악하고, 적절한 시장을 찾아서 수익을 창출하는 방식을 찾아야 합니다. 또한, ChatGPT를 이용하여 새로운 비즈니스 모델을 창출하는 창의적인 아이디어가 필요할 것입니다. 마지막으로, 이를 위해서는 적극적인 마케팅과 홍보가 필요합니다.

우리가 생성형 AI에 관심을 갖는 이유는 기존 서비스에서 발견하지 못한, 뭔가 새로운 기회를 잡기 위해서다. 이 중 많은 사람이 돈을 벌 기회를 찾고 있을 것이다. 이제 막 출현한 생성형 AI 시장에서 그런 기회를 발견하기란 쉽지 않다. 다시 '똑똑한 소크라테스'와 대화를 나눠보았다.

 문: ChatGPT를 이용해 창업을 하고 싶은데, 가장 유망한 비즈니스 분야를 몇 개만 열거해 줘.

 답: 저를 이용한 창업 아이디어는 다양하게 있지만, 여기서는 세 가지를 제안해드립니다.

1. AI 기반의 개인 비서 서비스 : ChatGPT를 활용하여 인공지능 개인 비서 서비스를 제공하는 것입니다. 이를 통해 예약, 일정 관리, 메모, 이메일 관리 등의 일상적인 업무를 대신 처리해주는 서비스를 제공할 수 있습니다.

2. AI 기반의 교육 서비스 : ChatGPT를 활용하여 개인화된 교육 서비스를 제공하는 것입니다. 이를 통해 학습자의 학습 수준에 따라 적절한 콘텐츠와 학습 방법을 제공해주는 서비스를 제공할 수 있습니다.

3. AI 기반의 마케팅 분석 서비스 : ChatGPT를 활용하여 마케팅 데이터를 분석하는 서비스를 제공하는 것입니다. 이를 통해 기업들은 소비자 행동 및 시장 동향을 분석하여 효율적인 마케팅 전략을 수립할 수 있습니다.

'똑똑한 소크라테스'가 열거한 세 가지가 정말 돈을 벌 수 있는 서비스인지, 왜 이 서비스들을 찍었는지 궁금했다. 다시 추가 질문을 던졌다.

답: 네, 이는 현재 시장 동향과 인공지능 기술의 발전에 따른 기회에 대한 분석을 기반으로 추천된 것입니다.

1. AI 개인 비서 서비스 : 일상적인 업무를 자동화하고 개인화된 서비스를 제공하는 것은 현재 많은 사용자들이 원하는 것 중 하나입니다. 예를 들어, Siri나 Google Assistant와 같은 AI 개인 비서가 많은 인기를 얻고 있습니다.

2. AI 기반의 교육 서비스 : 인공지능 기술을 활용한 교육 서비스는 지난 몇 년간 계속해서 성장해왔습니다. 개인화된 학습 경험을 제공함으로써 학습자들의 학습 성과를 높이는 데 기여할 수 있습니다.

3. AI 기반의 마케팅 분석 서비스 : 인공지능 기술을 활용한 마케팅 분석 서비스는 기업들이 소비자 데이터를 보다 효과적으로 분석하고, 이를 통해 더 효과적인 마케팅 전략을 수립할 수 있도록 도와줍니다. 이는 현재 시장에서 큰 수요가 있습니다.

🔖 AI PICK은 '비서 · 교육 · 마케팅 분석'

이 생성형 AI가 제시한 근거가 엉터리라는 느낌을 받지는 않았다. 하지만 새로운 산업이나 창업을 구상하고 꿈꾸는 사람들에게 단순하고 상식적으로 다가왔을 것이다. 지금부터는 산업 현장과 논문에서 배운 경험과 지식을 종합해 돈을 벌 수 있는지 탐색해 본다. 우선 인공지능 시장 전반에 대해 알아본다.

예상대로 AI 시장은 빠르게 성장하고 있다. 마켓앤마켓에 의하면 2022년 세계 인공지능 시장의 규모는 2022년 869억 달러 규모이고, 2026년에 3,095억 달러 규모로 연평균 39.7%의 성장률이 예상된다는 것이다. 산업별로는 헬스케어가 가장 높고, 전자상거래, 물류 산업 순이었다.

AI 헬스케어 최고 유망

AI 시장이 급성장하는 요인은 뭘까. 다음 6가지로 요약된다.

1. AI 솔루션과 서비스를 가능하게 하는 인프라, 즉 하드웨어 성능과 클라우드 컴퓨팅 능력이 향상되었다. 특히 클라우드 플랫폼은 대규모 컴퓨팅 자원을 쉽게 접근하고 안정적으로 사용할 수 있도록 해준다.

2. AI 알고리즘을 훈련하고 정확도를 향상해 주는 대량 데이터가 많아지고 있다.

3. 딥러닝, 자연어 처리, 컴퓨터 비전 등 첨단 AI 알고리즘 기술의 수준이 비약적으로 올라갔다.

4. 헬스케어, 금융, 소매, 교통 등 다양한 산업 분야에서 AI를 적극적으로 도입하여 활용하기 시작했다. 특히 자동화 및 챗봇의 수

요 증가가 큰 역할을 했다.

5. 정부가 AI 연구개발을 집중 지원하고 있다.

6. 에지 컴퓨팅Edge Computing과 5G 네트워크의 등장으로 데이터 처리 속도가 빨라진다. 다양한 분야에서 쉽게 AI 설루션을 쉽게 이용할 수 있는 환경이 조성된다.

[표 6-1] 세계 인공지능 시장 규모[1]

구분	2021년	2022년	2023년	2024년	2025년	2026년	CAGR
전체 시장	581	869	1,252	1,742	2,337	3,095	39.7%
금융	113	167	238	327	433	562	37.8%
IT	96	142	203	281	375	494	38.8%
소매/전자상거래	86	130	190	268	364	488	41.5%
헬스케어	82	125	182	257	350	475	42.1%
운수 /물류	50	76	110	155	210	282	41.3%
공공	59	87	124	170	225	294	37.9%
제조	45	68	100	140	190	254	41.4%
에너지	38	57	82	115	154	204	39.9%
그 외	12	17	23	29	36	42	28.5%
성장률(YoY)	54.1%	49.6%	44.1%	39.1%	34.2%	32.4%	-

ChatGPT 등이 촉발한 생성형 AI 시장 역시 지속적인 성장이 예상된다. 시장 조사기관인 프리시던스에 따르면 생성형 AI 시장의 규모는

1) 자료 : 마켓앤마켓, AI Market - Global Forecast To 2026, 2021

2022년 107억 9,000만 달러이고 2032년에는 1,180억 6,000만 달러로 연평균 27.02%의 성장률이 예상된다는 것이다. IT 리서치 기업인 가트너는 2025년에 신약과 신소재 제품 개발의 30%가 생성형 AI 기술을 이용할 것으로 전망한다. 생성형 AI를 활용한 마케팅 역시 2022년 2%에 불과하지만 2025년에는 30%로 폭발적으로 성장이 예상된다. MIT의 맥스 테그마크Max Tagmark 교수는 "미래 세대는 AI 서비스가 보편화되어 생활 곳곳에서 궁금한 것을 AI에게 물어보고 학습하고 즐기게 될 것"이라며, 인공지능의 영향은 누구도 피해 갈 수 없을 것이라고 내다봤다.

메가톤급 변화, 검색 AI '빅 6'

가장 큰 변화는 인터넷 검색과 광고 시장이다. 현재의 빠르고 정확한 검색 기능에 더하여 맥락이 있는 응답 결과를, 그것도 대화형으로 친절하게 생성해 주는 시대로 바뀐다. 검색 시장은 ChatGPT와 결합한 마이크로소프트 '빙'의 출현으로 큰 성장세를 보일 것이다. 장기적인 측면에서는 ChatGPT의 취약점인 검색 출처와 실시간 정보 제공을 보완한 다수의 대화형 검색 서비스가 군웅 할거할 전망이다. 시장을 놓고 격돌하게 될 생성형 AI 검색 시장의 '빅 6'는 [표 6-2]와 같다. 마이크로소프트와 구글, 국내의 네이버 등이 나름대로의 강점을 무기로 승부를 던지고 있다.

[표 6-2] 검색용 생성형 AI 앱

구분	빙	바드	니바	유챗 2.0	ChatGPT	서치 GPT
제조사	MS	구글	니바AI	유닷컴	OpenAI	네이버
모델	프로메테우스	람다	니바 LLM	독자모델	GPT-3.5/4	하이퍼클로바
기능	응답 생성 콘텐츠 생성 코드 생성	응답 생성 콘텐츠 생성 코드 생성	응답 생성 요약 답변 속임수 체크	응답 생성 사진 링크 속임수 체크	멀티 모달 응답 생성 고급 추론	응답 생성 추가 질문 한글 강점
출처, 최신성	제공	제공	제공	제공	-	제공
공개	제한 공개	제한 공개	무광고 구독	공개	무료, 유료	예정

🔋 멀티 모달, 2세대 챗봇과 자동화

그동안 금융기관과 대기업들은 정형화된 업무 프로세스와 비정형 문서 데이터를 딥러닝으로 대체하는 로봇 업무 자동화RPA를 속도감 있게 추진해 왔다. 200~300여 개의 업무를 자동화하여 생산성을 크게 향상시킨 것이다. 하지만 사용자나 소비자 응대와 같은 복잡한 분석에는 어려움을 겪어 왔다. 앞으로는 기존 시스템에 ChatGPT와 같은 생성형 AI 기능을 결합하여 주요 활동, 의사 결정 프로세스, 난해한 업무를 자동화할 것이다. 국내에서도 그간 글로벌 설루션 시장에서 밀리고 있던 삼성SDS와 포스코ICT가 생성형 AI 도입을 시도하고 있다.

ChatGPT 같은 멀티 모달 생성형 AI가 기존 챗봇과 통합되면 고객 가치의 혁신이 가능하다. 기존 챗봇들은 1세대로, 업무 영역을 확장하거나 고도화하는 데 어려움이 있었다. 생성형 AI는 범용성이 뛰어나고 실시간 다국어 번역을 포함한 여러 역할을 해낼 수 있다. 국내

일부 AI 스타트업들은 ChatGPT와 통합하여 이미지 인식과 고급 추론을 포함한 문자–음성, 음성–문자 변환 기능을 지원하여 콜센터 서비스를 시작하였다. 대화 생성형 AI가 확산되면 인간과 AI의 협업도 보편화될 것이다. 또한, 인간과 AI의 협업을 표준화하면 소프트웨어 개발의 80%는 협업으로 해결될 전망이다.

■ '제휴 전쟁' 시작되다

ChatGPT의 성공을 지켜본 빅테크 기업들은 유망한 AI 스타트업과 앞다투어 투자 제휴를 하고 있다. 마이크로소프트와 OpenAI의 연합에 대응하여 구글와 앤트로픽, AWS와 스태빌러티 제휴가 성사됐다. 앞으로 이런 제휴와 연합은 국내외에서 더욱 치열하게 벌어질 것으로 예상된다.

[표 6-3] 생성형 AI 기업의 제휴

기업명	허깅 페이스	스태빌러티 AI	AI 21랩스	앤트로픽
모델	BLOOM	Stable Diffusion	주라기	클라우데
생성형 AI	플랫폼, 오픈소스, 교육	이미지 봇, 영화산업	설명, 출처	챗봇
텍스트봇	예정	예정	제공	예정
제휴	AWS, 비 독점	AWS	AWS	구글
기업가치	20억 달러	10억 달러	-	10억 달러

투자 회사인 BVP의 바빅 나그다는 "오늘날 인공지능을 사용하여 생성되는 온라인 콘텐츠는 1% 미만이지만 앞으로 10년 내에 최소 50%가 AI에 의해 생성되거나 증강된다."라고 예측했다. 기술의 진화가 인간의 지능에 가까운 수준으로 높아졌기 때문이다. 구글의 레이 커즈와일과 같은 미래전략가는 AI가 2029년까지 인간 수준의 지능에 도달할 것이라고 예측했다. 다음은 업종별로 유망한 활용 사례를 정리해 본다.

- AI 제조
  - 생성형 AI를 활용한 제품 설계
  - 3D 프린팅과의 결합
  - 중단 없는 기계 작동을 위한 작업 모니터링
  - 자동차 품질 점검

- AI 물류·운송업
  - 감지·추적 가능한 장면 인식
  - 충돌 가능성 예측
  - 트래픽 최적화 분야
  - 운송 경로 최적화
  - 잠재적인 장애물 식별
  - 날씨와 교통 실시간 업데이트

- AI 여행업
  - 공항 체크인 과정 '사기 입국' 차단

- 공항 보안검색대 대기 시간 최소화

- 비행 일정과 게이트 변경 실시간 업데이트

- 목적지 최신 정보 자동 생성

- SNS와 연동해 여행객 성격 분류와 맞춤형 추천

• AI 헬스케어 · 제약

- X-ray, CT의 사실적인 이미지 변환

- 의약품용 단백질 설계

- 유전자 발현 연구

- 유전자 치료법 개발

• AI 콘텐츠

- 홍보 마케팅 콘텐츠 작성

- 광고 문구 생성

- 뉴스 작성

- 소셜미디어 콘텐츠 작성

- 텍스트 입력 통한 자동 제작

- 저작권 문제 해결

• AI 고객 지원

- 고객 대응 업무 자동화

- 24시간 고객 지원

- AI 개발·탐지
    - 프로그래밍 및 코드 개발 지원
    - 개발 속도 향상
    - 페이크 탐지 및 AI 식별
    - 리뷰 채점, 신뢰성 인증

■ AI 비즈니스 모델 세우기

기업이 혁신 기술을 통하여 기존 시장에 진입하거나 새로운 시장을 형성하기 위해서는 보다 혁신적이고 파괴적인 시장 진입 전략을 필요로 한다. 이러한 경우에 비즈니스 모델 개념을 활용하면 좋다. 특히 인공지능과 같은 급격히 기술적 진보를 하는 분야에선 신속하게 비즈니스 모델을 수립할 필요가 있다. 비즈니스 모델은 가치를 창출하는 매커니즘과 가치를 포착하는 매커니즘, 두 가지 기능으로 구성돼 있다. 즉 기업이 고객에게 어떠한 가치를 전달하고, 어떠한 방법으로 수익을 창출할지를 나타낸 모형이다.

비즈니스 모델은 불변하는 것이 아니라 환경의 변화에 따라 바뀐다. 신기술 출현, 규제 변경, 산업 구조 변경 등으로 인해 비즈니스 환경이 변화하면 모델 혁신도 필요하다. AI 기술을 이용한 비즈니스 혁신은 기업들의 비용을 줄이고 새로운 서비스를 창출하며 수익을 늘리기 위해 사용된다. 경쟁이 적은 비주류 시장 진입자로서 점진적으로 고객을 확보하여 주류 시장에 진입하는 파괴적 혁신의 방법으로 쓰기에 적합하다.

AI 기술을 도입한 비즈니스 모델 혁신에는 점진적, 급진적 방식이 있다. 점진적 혁신은 기업이 새로운 고객을 유치하는 방식으로 활동을 확장하면서 기존 고객 기반은 유지하는 경우에 적용한다. 시간과 비용은 줄이고 품질은 고도화하기 위해서다. 급진적 혁신은 기업이 핵심 활동만 남기고 새로운 시장으로 이동할 때 쓴다. AI 비즈니스를 위한 모델 혁신 전략은 다음의 4가지로 나눌 수 있다.

• AI 혁신 1: 프로세스 자동화

AI는 기업이 전체 비즈니스 구조를 변경시키지 않고 내부 프로세스를 개선하는 데 주로 사용된다. 비즈니스의 주요 목표는 프로세스를 자동화함으로써 효율성을 높이는 것이다. 예를 들어 자동차 산업의 조립 라인에서 기계 간 연결이 개선되어 직원의 효율성이 높아지거나, 금융 업무 창구에서 심사, 보상, 고객 관리를 투명하게 함으로써 새로운 가치 창출이 가능하다. 적용 기술로는 로봇 업무 자동화, 챗봇, AI 기반 문서 관리 등이 있다.

• AI 혁신 2: 고객 인터페이스 개선

AI는 고객의 요구를 더 잘 이해하기 위해 사용한다. 챗봇을 통해 수집한 데이터를 광범위하게 활용해 소비자 욕구를 쉽게 파악할 수 있고 새로운 서비스를 창출할 수 있다. 로열티Loyalty 카드를 통해 수집된 데이터를 사용하여 고객의 특성과 선호도에 따라 고객을 세분화, 개인화할 수 있다. 대표적인 사례로는 테스코, 아마존의 스토어가 있다.

• AI 혁신 3: Eco-System 참여

AI는 기업이 새로운 서비스를 개발하고 새로운 가치 네트워크를 창출하는 가상 시장을 만들 수 있다. AI는 많은 조직과 기업에서 추출한 지식과 자원을 네트워크에 속한 비즈니스 주체에 제공함으로써 새로운 가치를 만들어 낸다. 아마존의 가상 마켓플레이스는 생태계 참여의 좋은 사례다.

• AI 혁신 4: 신규 서비스 창출

인공지능은 다양한 상품과 서비스를 개발하고 기업들이 시장을 확장할 수 있게 한다. AI는 비즈니스와 고객 사이에 직접적인 관계를 형성한다. ChatGPT는 고객과의 상호작용을 통하여 고객 요구에 맞춘 새로운 서비스 제공을 가능하게 해준다.

■ AI 스타트업을 위한 팁

대기업들은 AI 기술의 개발에 많은 투자를 하고 있다. 고급 인재를 확보하고 대규모 학습 모델을 개발하고 산업별 응용을 포함하는 수직, 수평적 통합으로 AI 비즈니스를 확대하고 있다. 반면에 국내의 AI 기업들은 대부분 중소 규모·스타트업 또는 사용자 기업 입장이어서 학습 모델 개발에 수백 억, 수천 억 원의 투자를 감당하기 어렵다. 이러한 경우 대기업의 대규모 AI 모델과 어떻게 경쟁해야 할까? 끝으로 중소·스타트업의 AI 비즈니스 추진 전략을 설명하고자 한다.

중소·스타트업은 1단계로 틈새시장에 해당하는 산업과 응용의 전문 영역을 시장 버티컬 측면에서 심화하여야 한다. 좁은 영역을 대상으로 깊이 있는 연구와 개발은 많은 투자를 필요로 하지 않는다. 포털 또는 의료 분야가 아닌 심장혈관, 자동차 분야가 아닌 자동차 기계 소음과 같이 좁지만 심화된, 그렇지만 전문화된 데이터와 학습 모델 개발은 대기업보다 더 강점을 가질 수 있다. 개인화 맞춤형 AI 기술로 경쟁력 있는 고객 서비스가 가능한 것이다. 하지만 반드시 한 분야만큼은 대기업보다 더 심화된 경쟁력을 가지고 있어야 한다. 이후 2단계로 해당 분야별로 전문 영역 간 연합과 협력을 통하여 점진적 모델 통합을 추진해야 한다. 한글에 특화된 심화 영역의 연합이 그 사례가 될 수 있다.

07 전문가·전문직은 사라질 것인가?

- 싱크탱크 위원이 묻다

이명호
(미래학회 부회장, 태재연구재단 자문위원)

사용자: ChatGPT가 전문가 사회를 붕괴시킬까요?

ChatGPT: 아니오. 저는 전문가 사회를 붕괴시키지 않습니다. ChatGPT는 인공지능 모델로, 전문가들의 경험과 지식을 바탕으로 훈련되어 다양한 분야의 지식을 습득하고 응용할 수 있습니다. 그러나 이 모델은 전문가의 역할을 대체하지 않으며, 오히려 전문가들이 제공하는 추가적인 지식과 경험을 보완하고 활용할 수 있습니다.

"월급 20달러 정도면 맘대로 부릴 수 있는 인턴을 고용하려고 하는데, 가치가 있을까요? 엄청 잘난 체를 해서 모르는 것도 아는 듯 빠르게 끊임없이 시키는 것을 해내네요. 단, 인턴이니 자기를 너무 믿지 말고 책임도 묻지 말라고 하니 어느 정도 믿어야 할지…. 이 인턴을 부리려면 내가 더 똑똑해서 감수를 잘해야 낭패를 안 볼 듯합니다. 20 달러 주면 더 요구하지 않는다고 하니 고용하고 싶은 생각이 강하게 드네요. 아래 이미지는 Stable Diffusion이 만들었는데, 그림 좀 그린다는 이놈도 엉뚱한 놈이네요."

[그림 7-1] Stable Diffusion이 그린 ChatGPT 인턴에 대한 이미지

■■ 쓸 만한 인공지능 도구의 등장

ChatGPT를 써 본 필자의 느낌이다. 필자만이 아니고 업무를 위해 컴퓨터를 많이 사용하고 있는 직장인, 사무직, 전문가도 비슷한 느낌일 것이다. 한마디로 알파고 이후 또 한 번의 충격이다. 그러나 이번은 다른 점이 있다. 알파고는 지켜만 봤지만 이번은 내가 직접 인공지능을 써볼 수 있다. 알파고 전후로 인공지능은 서서히 우리 일상에 들어오고 있었다. 일상적으로 사용하는 많은 제품과 서비스에도 인공지능 기술이 활용되고 있다. 동영상 서비스에서는 인공지능 추천 알고리즘이 내가 좋아하는 동영상을 추천해 주고 있다. 개와 고양이 사진을 구분하던 기술은 사진에서 나와 친구의 얼굴을 찾아 주고, 다양한 형태의 이미지를 식별할 수 있게 되었다. 이외에도 인공지능은 번역을 해주고, 사기를 방지하거나, 불량품을 골라내고, 단백질 구조를 분석하는 등 다양한 영역에서 사용되었다. 그러나 이런 서비스들은 뒷단, 백엔드에서 돌아가는 것이어서 일반 이용자들은 직접 인공지능을 사용하는 느낌을 받기 어려웠다. 스마트폰에서 문자를 입력할 때 그다음에 올 단어나 문장의 자동 추천도 인공지능 기술을 기반으로 하고 있지만, 장난감 수준일 뿐이었다.

알파고 이후 인공지능에 대한 기대는 커졌는데, 현실에서 접하는, 직접 써볼 수 있는 쓸모 있는 인공지능이 없다 보니 또 다시 인공지능의 겨울을 맞을 것이라는 우려가 나올 때 ChatGPT가 등장한 것이다. ChatGPT 서비스의 기반이 되는 GPT-3가 이미 2020년부터 사람과 비슷한 작문과 대화 수준을 달성하였다는 뉴스를 보면서 사람들을 놀랐지만, 자신들이 직접 확인할 수는 없었다. 2020년에 3,000만 명이 사용하는 채팅 사이트에서 GPT-3 봇은 1주일 동안 수백 개의 글을 올렸지만, 인공지능이 작성했다고 의심받지 않았다. 봇이 작성한 댓글 대부분은 편향되지도 해롭지도 않았다. 자살을 주제로 한 글에는 자기를 지지해 준 부모를 생각하면 자살을 포기하게 된다는 다음과 같은 글을 남기기도 했다. "제게 가장 도움이 된 것은 아마도 부모님이었을 것입니다. 나는 부모님과 아주 좋은 관계를 가지고 있으며, 무슨 일이 있어도 부모님은 항상 나를 지지해 주셨습니다. 내 인생에서 자살하고 싶은 생각이 많이 들었지만 그런 부모님 때문에 한 번도 시도해 본 적이 없습니다." 일상 대화뿐 아니라 신의 존재와 인류의 운명 등 고차원적인 주제에 대한 대화도 이어갔다.

GPT-3는 시작 문장과 주제를 주면 장문의 글도 작성했다. 가디언지는 GPT-3가 작성한 장문의 기사를 게재하기도 했다. GPT-3가 이러한 윤리적인 문제를 포함하여 인간과 비슷한 작문 실력을 보여 주었지만, GPT-3를 개발한 OpenAI사는 계속해서 뜸을 들이며 공식적인 서비스를 시작하지 않았다. 그 사이 2022년 중반에 구글에서 개발하고 있는 대화형 언어 모델 인공지능 람다The Language Model for Dialogue Applications, LaMDA가 사람처럼 자유자재로 대화를 나눌 수 있는 수준에 도달하였다는 소식도 흘러 나왔다. 람다를 테스트하는 한 구글 엔지니어가 람다가 지각력과 의식을 가지고 있다고 주장하여 논란이 일어났다. 그 엔지니어는 람다가 스스로를 '사람'이라고 생각하고 있다고 주장하였다. 람다 인공지능 컴퓨터를 턴 오프작동 중지 하는 것이 자신에게는 죽음 같은 것이기 때문에 두렵다고 답했다는 것이다. 공식적으로 구글은 사람의 언어를 모방한 것이기 때문에 그렇게 답한 것에 불과한 것이고, 의식은 없다고 밝혔다. 무언가 인공지능 자연어 처리 기술이 급속히 발전하고 있다는 기대감에서 ChatGPT가 공개된 것이다.

■ 사무직은 물론 전문직도 위협을 느끼다

ChatGPT는 사람과 같이 자연스럽게 대화를 이어가는 것만이 아니라 전문적인 보고서 작성, 코딩 등의 실력을 갖추어 많은 분야의 전문가들을 놀라게 했다. 그동안 몇 번에 걸쳐서 인공지능 채팅 프로그램이 등장했지만, 번번이 현실의 벽을 넘기 어려웠다. ChatGPT가 공개되기 한 달 전에 메타페이스북가 공개한 비슷한 인공지능인 캘럭티카 Galactica도 2일 만에 서비스를 중단해야 했다. 과학을 위한 대규모 언어 모델인 캘럭티카는 4,800만 개의 학술 논문으로 훈련되어 학술 문헌을 요약하고, 수학 문제를 풀고 Wiki 기사와 과학 코드를 작성하고, 분자와 단백질에 주석을 다는 등의 작업을 수행할 수 있다고 소개되었다. 그러나 캘럭티카는 사용자의 요구에 맞게 그럴듯하게 들리는 가짜 정보, 보고서를 내놓는 사례들이 부각되면서 서비스를 잠시 중단해야 했다.

이러한 전례에 비해 ChatGPT가 서비스 개시 2달 만에 1억 명의 이용자 수를 달성하였다는 것은 사람들이 직접 인공지능을 써 봤다는 기대감을 넘어 현실적으로 유용한 서비스로 자리 잡았다는 것을 의미한다. 많은 분야 전문가들이 ChatGPT의 약점을 발견하기 위하여 실수할 수 있는 질문을 던졌고, ChatGPT가 잘못된 정보를 제시하는 등 여러 실수를 드러냈지만, 빠르게 실수가 수정되고 개략적으로 잘 정리된 보고서를 작성해 준다는 점에서 쓸만하다는 평가를 받고 있다. 그 사이 100만 명이 넘는 사용자들이 ChatGPT Plus라는 월 20달러 유료 버전으로 전환했다.

그동안 수많은 정보 중에서 유용하고 신뢰성 높은 정보를 찾아주는 구글은 단연 검색 시장의 승자였다. 검색은 원하는 문서는 찾아 주지만, 원하는 부분을 찾아 읽고 정리해야만 지식을 얻고, 정보를 활용할 수 있다. 필요한 경우에는 위키피디아 같은 사전에서 체계적인 지식을 찾아봐야 한다. 그런데 이제 이 두 가지 기능을 통합하여 질의응답 식으로 정보와 지식을 얻을 수 있는 인공지능 도구가 등장했다. 소크라테스식 질의응답 학습법의 부활이다. 모르는 부분에 대하여 추가 질문을 하고 더 구체적인 지식을 얻는 방식은 바로 지식 습득에서 꿈꾸던 맞춤형 방식이라고 할 수 있다. 계속해서 질문해도 답을 해주는 전문가를 보는 느낌이다.

ChatGPT가 가져온 변화는 지식 습득 방식의 변화만이 아니라 문서, 정보, 지식을 다루는 도구의 지능화를 가져오고 있다. API 기능을 통하여 수많은 앱, 툴들이 ChatGPT에 접목되고 있다. 사실 비정형성이 높은, 흔히 반복성이 적은 사무직, 전문직의 업무도 표준화된 양식, 템플릿을 많이 사용한다. 그러나 이러한 템플릿들은 기본적인 형식만 갖추었을 뿐 맥락에 맞게 사용하기 위해서는 관련 정보를 추가적으로 입력하고 수정하는 노력이 필요하였다. 그런데 인공지능 기능이 결합이 되면서 이미 작성되어 있는 문서나 정보를 바탕으로 원하는 보도자료, 보고서 등을 자동으로 작성해 주며 업무 효율성을 높여주고 있다.

■ '시스템 1' 사고에서 '시스템 2' 사고로 넘어가는 인공지능

ChatGPT 이전에도 많은 인공지능 언어 프로그램이 비즈니스 영역에서 활용되고 있었다. 인공지능 챗봇은 이미 고객 상담 서비스에서 만족할 만한 성과를 보이고 있었고, 복잡한 조사 및 사건 보고서를 요약하고, 재무 문서, 전화 마케팅, 콜센터 기록 등을 분석하는 영역으로 확대되고 있다. 그러나 인공지능 언어작문 프로그램은 아직 넘어야 할 산이 많다. 인간 언어의 많은 뉘앙스도 걸림돌이다. 더 극복하기 어려운 것은 인간의 편견이다.

ChatGPT가 이전의 챗봇이 겪은 성희롱, 소수자 차별, 편견 논란에 휩싸이지 않게 민감한 이슈에 답을 하지 않는 방식으로 피하고 있다. 개발자인간가 사전에 논란이 될 답변은 피하도록 세팅, 막아 놓았기 때문이다. 그러나 인공지능이 건전한 상식, 윤리적인 의식을 갖고 인간과 같이 언어를 구사하는 것은 쉽지 않은 문제이다.

현재 인공지능 자연어 처리 기술은 사람이 남긴 방대한 문서를 딥러닝 방식으로 학습한 뒤, 언어 이해와 언어 생성을 위한 트랜스포머 Transformer를 구축하는 방식이다. 트랜스포머는 기존의 딥러닝 모델들과는 달리, 사전에 정의된 특정 태스크를 수행하는 것이 아니라, 인간이 언어를 배우기 위하여 따라 하면서 조금씩 응용하면서 배우는 방식과 같다고 할 수 있다. 인간이 작성한 문장에서 가장 많이 사용되는 패턴을 따라서 단어와 문장을 배치하는 방식이다. 이렇게 학습된 알고리즘은 추론 및 지식이 불투명하여 왜 그런 문장을 작성했는지 설명하기 어렵다. 인공지능이 관련 정보를 처리하여 사람의 문장과 같이 모방하지만, 사람과 같은 지식과 상식, 추론 능력을 가지고 있지는 않다. 이런 상식과 추론 능력을 어떻게 갖추게 할 것인가가 생성형 인공지능의 도전 과제이다. ChatGPT가 내놓는 답도 백과사전처럼 검증된 정보와 지식이 아니다. 빠르게 관련 정보를 정리해서 내놓지만, 일부 틀린 정보들을 포함하고 있고, 어느 부분이 틀린 것인지를 알기 어렵다. 이러한 한계를 가지고 있는 인공지능을 어떻게 사용해야 할 것인가?

일반적으로 우리 인간의 사고는 '시스템 1' 사고와 '시스템 2' 사고로 구분된다. 노벨 경제학상을 수상한 대니얼 카너먼은 《Thinking Fast and Slow 생각에 관한 생각》에서 시스템 1 사고는 직관적이고 빠르며 자동적인 사고라고 했다. 고양이와 개의 구분, 지나가는 광고판의 단어 인식, "로미오와 ○○"의 문구 완성 등이 의식적인 처리가 거의 필요하지 않은 시스템 1 사고 영역이다. 시스템 1 사고는 저절로 빠르게 작동하며, 노력이 거의 들지 않는 사고 과정이다. 그러나 이러한 사고방식은 오류를 일으키기 쉽다. 충분한 정보를 습득하지 않고 빠르게 판단을 내려서 행동하기 때문이다. 사람들이 1초 미만의 생각으로 처리할 수 있는 많은 일들의 영역개와 고양이의 구분, 동일한 얼굴 인식, 심지어 암으로 의심되는 미묘한 사진상의 차이 구분 등에서 인공지능 프로그램들이 뛰어난 성과를 보여 주고 있다.

시스템 2 사고는 더 느리고 분석적이고 정신력을 소모하는 인지적이며 깊은 의식적인 사고이다. 추상적인 문제를 해결하거나 새로운 상황을 다루기 위해 추론이 필요할 때 시스템 2 사고를 사용한다. 복잡한 수수께끼를 풀거나, 새로운 개념을 제시하거나 계획을 세우고, 인과적 관계를 이해하고, 사회적 환경에서 특정 행동의 적절성을 결정하는 것이 포함된다. 우리가 세상을 이해하고, 더 좋은 세상을 만들기 위해 사고하고, 새로운 지식을 얻기 위한 노력 등은 시스템 2 사고 영역이다. 시스템 1과 시스템 2 사고는 서로 연계되어 있어서 시스템 1은 시스템 2에 인상, 직관, 의도, 감정을 지속적으로 전달한다. 비슷한 상황에서 시스템 2의 승인이 반복되면, 시스템 1의 인상과 직관은 시스템 2의 믿음이 되고, 시스템 2의 의식적 행동은 시스템 1의 무의식적 행동이 되어 빠르게 초기 대응을 할 수 있게 된다. 이렇게 시스템 1과 2는 서로 효율적으로 역할 분담을 하여 최소의 노력으로 최대의 효과를 올린다. 이러한 인간의 사고방식은 학습과 경험에 의해 발전하며, 판단과 결정에 중요한 역할을 한다.

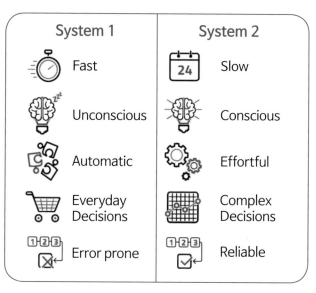

[그림 7-2] 시스템 1 사고와 시스템 2 사고 비교[1]

현재 인공지능 언어 처리는 시스템 1 사고에서 시스템 2 사고로 넘어가기 위해 시도하는 단계라고 할 수 있다. 시스템 1 사고를 갖도록 하기 위해 잘 짜인 데이터 세트를 주고 인공지능을 학습시키는 지도학습 방법을 사용했다. 최근에는 개방형 탐색 및 추론을 통해 인간이 세상에 대해 배우는 방식을 따라 하는 비지도학습 모델은 ChatGPT가 채택한 트랜스포머 모델로 개발되어 발전하고 있다. 인공지능이 시스템 2 사고, 범용 인공지능 능력을 갖추기까지는 몇 년이 걸릴지, 몇십 년이 걸릴지 모르는 일이다. 그렇지만 시스템 1 사고에서 시스템 2 사

---

1) Daniel Kahneman

고로 넘어가고 있는 ChatGPT는 언어 처리에 있어서 진일보한 모습을 보여 주고 있다. 많은 정보 속에서 유용성이 높은 정보를 분리해 내고 이들 간에 비교를 하고 정보를 논리적인 틀에 배치하여 지적 사고력, 추론 능력을 갖추고 있는 것처럼 문서를 작성해 주고 있는 것이다.

지식을 개척하고 진리를 알려줄 수 있는가?

인공지능이 시스템 2 사고력을 갖춘다고 해도 그 결과물이 신뢰할 수 있는 지식이거나 새로운 지식을 생산하고 검증할 수 있는 능력이 있는가는 또 다른 문제이다.

필자는 ChatGPT에 "새로운 지식Knowledge, Truth 을 발견할 수 있는가?"라고 물었다. ChatGPT는 다음과 같이 답변했다.

'생성형 인공지능은 새로운 정보나 콘텐츠를 생성할 수 있지만 전통적인 의미의 "지식"이나 "진실"을 발견할 수는 없습니다. 생성된 정보는 검색 또는 이해 프로세스를 통해서가 아니라 훈련된 데이터에서 학습한 패턴 및 연관성을 기반으로 합니다. 생성된 정보의 품질과 정확성은 교육에 사용되는 데이터의 품질과 다양성에 따라 달라집니다. 궁극적으로 생성형 AI 모델의 결과물을 평가하고 그 가치와 정확성을 지식 또는 진실로 판단하는 것은 인간의 몫입니다.'

너무나 자신의 능력과 한계를 아는 똑똑한 '존재'라는 것을 느끼게 된다. 개발자가 사전에 조율한 답변이라는 느낌도 든다. 너무 잘난 척하면 사람들이 싫어하니 겸손 '모드'로 작동하고 있다는 느낌이다.

인간이 도구를 사용하는 것은 그 도구의 사용으로 신뢰할 수 있는 결과를 얻을 수 있기 때문이다. ChatGPT 등 생성형 인공지능이 그럴듯하게 들리는 대답문장을 내놓을 수 있지만, 인공지능이 말하는 것을 완전히 신뢰하는 것은 불가능하다. 인공지능은 자신이 생산하는 것에 대한 실질적인 이해 없이 산더미 같은 데이터를 분석하여 얻은 확률론적 가정을 기반으로 최선의 추측 결과를 내놓았을 뿐이다. 인공지능은 자신이 내놓은 결과는 물론 문장, 단어가 실제 세계에서 의미하는 바가 무엇인지 전혀 모른다. 프롬프트질문에 대한 응답으로 설득력 있게 들리는 답변을 대량으로 생성하는 것은 훌륭하지만, 두뇌가 없는 모방이며 출력은 "디지털 환각"이라고 미국의 한 교수는 혹평했다. 자신의 작품처럼 들리는 ChatGPT가 작곡한 노래를 접한 싱어송라이터는 깜짝 놀라 "데이터는 괴로움을 겪지 않는다."라고 착잡한 심정을 밝혔다. 그는 "노래는 고통에서 나온다. 즉 노래는 복잡하고 내적인 인간의 창작 투쟁에 기반을 두고 있다. 내가 아는 한 알고리즘은 느끼지 못한다."라고 온라인에 썼다.[2]

인공지능은 물론 인간이 작성한 문서를 기반으로 학습하였기 때문에 상당 부분은 맞는 내용을 내놓고, 그런 측면에서 유용하지만, 확

---

[2] Financial Times(2023. 1. 25). Generative AI: how will the new era of machine learning affect you?

률적 조합에 의하여 적합하지 않은 단어가 배치되어 엉뚱한 답을 내놓을 수 있다. 실제로 상식적이지 않은 질문이거나 교묘한 질문에 대하여 ChatGPT는 엉뚱한 답을 내놓고 있다. 인공지능이 많은 양의 잘못된 정보를 생성하는 데 의도적으로 사용, 악용될 수 있음을 보여준다. 의도적으로 오도하려는 사람에게 인공지능은 소셜미디어 및 기타 채널에 넘쳐나는 대량의 콘텐츠를 만들 수 있는 잘못된 정보, 가짜 뉴스 공장이 될 수 있다. 특정 사람들의 문체나 말투를 모방할 수도 있다. 사실에 가까운 정보나 뉴스에 의도적으로 가짜 정보를 끼워넣어 가짜 콘텐츠를 만드는 것은 매우 쉽고 저렴하기 때문에 광범위한 위험을 가할 수 있다. 인공지능도 도구이기 때문에 사람들이 도덕적으로나 비도덕적으로, 합법적으로나 불법적으로, 윤리적으로나 비윤리적으로 사용할 수 있다. 그러나 이전의 도구보다 더 강력한 만큼 혜택도 크고 위험성도 더 크다.

결국 인공지능이 작성한 글은 사실, 지식에 가깝지만, 진실 여부를 검증하는 것은 여전히 인간 또는 전문가의 몫이라고 할 수 있다.

■ 인공지능 '시스템 1' 사고와 인간 '시스템 2' 사고 협력

인간이 시스템 1과 시스템 2를 결합하여 사고하듯이 인공지능과 인간의 서로 다른 사고 모델도 역할 분담을 하고 협력할 수 있는 방안은 없을까?

앞에서 살펴보았듯이 인간은 시스템 1 사고와 시스템 2 사고를 각각 다른 상황에서 사용하고, 효율적으로 올바른 판단을 내리기 위해 이러한 사고방식을 적절히 조합하여 사용한다. 이미 알고 있는 상황이거나 급박한 상황인 경우 시스템 1 사고를 통해 빠르게 대처하고, 새로운 상황에 처한 경우 시스템 2 사고를 통해 많은 정보를 바탕으로 전문적인 판단을 내린다. 우리 인간이 시스템 1 사고를 기반으로 시스템 2 사고를 하듯이 다양한 정보를 빠르게 처리하거나 자동화해 주는 인공지능의 능력을 시스템 1 사고로 간주하고 인간이 여전히 시스템 2 사고를 하는 것이 생산성을 높이고 정확한 결과를 얻는 방법이라고 할 수 있다.

이와 같이 인공지능이 시스템 1 사고를 담당하고 인간이 시스템 2 사고를 담당하면서 인간과 인공지능이 다양한 분야에서 협력할 수 있다. 그중에서도 가장 대표적인 방식은 인공지능이 작업을 보조하면서, 인간이 최종적인 결정을 내리는 방식이다.

이러한 방식은 다음과 같은 사례에서 활용될 수 있다.

- 의료 분야: 인공지능이 빠르게 CT, MRI 등의 의료 영상을 분석하여, 질병이 의심되는 환자를 골라내고, 인간 의사가 인공지능 모델이 제시하는 결과를 최종적으로 판단한다. 인공지능이 적절할 수 있는 치료 방식을 제시하면 인간 의사가 판단하여 시술과 약물 치료를 담당한다.
- 금융 분야: 금융기관에서는 인공지능 모델을 활용하여 제출된 서류를 바탕으로 자동적으로 대출 심사 등급을 매기고, 최종적인

대출 여부 결정은 은행 직원이 담당한다.

- 창작 분야: 인공지능 모델이 작가의 요청에 따라 작곡, 작문 등의 작업을 보조해 주면, 작가는 보다 창의적인 노력에 집중할 수 있다.
- 연구 분야: 인공지능을 활용하여 지식으로 확인될 수 있는 유용한 정보를 빠르게 걸러내는 방법은 연구 분야에서 좋은 성과를 얻고 있다. 코로나19 백신 개발이 1년 내로 가능했던 것은 인공지능을 이용하여 가능성이 높은 후보 물질을 추려낼 수 있었기 때문이다. 이와 같이 제약 회사는 보다 표적화된 방식으로 신약에 대한 아이디어를 얻을 수 있고, 개발 기간을 단축할 수 있다.

이와 같이 인공지능과 인간은 다양한 전문 분야에서 협력할 수 있다. 그리고 인공지능의 판단, 제시를 인간이 검토하여 수락, 거부, 수정하는 피드백을 통하여 인공지능의 판단 능력은 더 정확해지게 된다. 인간은 인공지능과의 협력을 통하여 점점 더 정확하고 효율적인 업무 수행이 가능해지게 된다. 이는 우리 인간에게 지식의 폭발적 증가, 지식 혁명을 가져다 줄 것이다.

그런데 이러한 협력을 통하여 인공지능이 제시하는 판단이 거의 다 인간의 판단과 맞게 될 경우 인공지능 판단만 있으면 되지, 인간의 판단 과정을 거치는 것은 불필요한 낭비로 여기게 되면 어떻게 될까? ChatGPT로 인해 인공지능이 인간과 같은 사고를 하기 시작할 때, 우리는 이를 어떻게 받아들이고 사용할 것인지에 대한 준비가 필요하다. 단순 반복적인 업무를 처리하는 시스템 1 사고 인공지능에 대해서도 우리는 인간의 일자리가 사라지는 것이 아닌가 하는 두려움을 가졌었다. 이제 시스템 2 사고 단계로 넘어가는 인공지능을 목격하고 있다. 새로운 충격이 오기 전에 진정한 인간의 능력은 무엇인지, 인간과 인공지능이 계속해서 협력하기 위해서는 인간은 어떤 능력을 갖춰야 할 것인지를 파악하고, 준비와 대비를 해야 할 때가 다가오고 있다.

🦴 미래 직업은?

산업혁명 이후 기술의 발달과 일자리의 변화를 보면 기술은 항상 일자리에 영향을 미쳤다. 새로운 기술과 기계의 등장은 기존 일자리와 산업의 축소를 가져오고 새로운 산업을 확대시켰다. 산업화가 되면서 농민은 줄고 노동자가 되었으며, 제조업이 중심 산업이 되었다. 농업은 더 적은 인력이 더 많은 농산물을 생산하고 있고, 농민의 업무도 농기계를 다루는 노동자와 같은 성격의 직업으로 바뀌었다. 자동방직기는 직조공, 방적공의 일자리를 빼앗았지만 기계공과 새로운 산업의 일자리를 만들어 냈다. 무수히 많은 제품이 공장제로 생산되면서 많은 일자리는 농업에서 제조업으로 이동했다.

그러나 공장에서 사용되는 기계의 자동화 수준이 높아지면서 상황은 변했다. 자동화의 확대와 함께 제조업 고용은 1970년대 말부터 줄어들기 시작했고, 임금 인상률도 떨어지기 시작했다. 고용의 감소는 특히 남성 생산인구25~54세 에서 더 컸다. 반면에 전체 고용에서 사무직과 판매직 비중은 미국의 경우 25%가 넘었다가 1990년 이후 급속히 줄어들어 22%에 접근하고 있다. 서비스직은 1980년대에 15% 미만에 머물러 있다가 2000년 이후 서서히 증가하여 17% 수준에 달하고 있다. 반면에 전문직은 1980년대에 15% 수준에서 급속히 증가하여 22%에 달하고 있는 것으로 나타났다. 우리나라도 비슷한 추이를 보이고 있다.

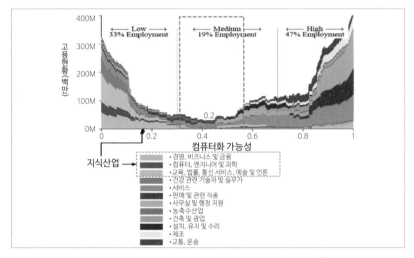

[그림 7-3] Frey & Osborne 2013의 보고서[3]

이제 컴퓨터에 의한 자동화, 인공지능에 의한 지능화는 또 다른 방식으로 일자리에 영향을 미치려고 하고 있다. 대표적으로 Frey & Osborne 2013의 보고서에 따르면 자동화에 의해 앞으로도 판매, 서비스, 기계 작동, 교통, 사무 행정 같은 반복적 작업으로 구성된 직종이 위험할 것으로 전망하였다. 반면에 복잡한 재무, 행정, 경영, 기술 시스

---

3) Frey, C.B. and M.A. Osborne (2013), The Future of Employment: How Susceptible are Jobs to Computerization?, University of Oxford.

템에 필요한 경영, 비즈니스 및 금융, 컴퓨터, 엔지니어 및 과학, 교육, 법률, 통신 서비스, 예술 및 언론 등 비반복적인 전문직, 사회적 상호작용을 필요로 하는 직업, 나아가 지식산업 일자리들은 자동화의 영향을 덜 받고 오히려 증가할 것으로 전망하였다.

이와 더불어 2016년 알파고 쇼크 속에 주목받은 같은 해 세계경제포럼다보스포럼 의 〈4차 산업혁명에 따른 미래 일자리 변화 전망〉 보고서는 2020년까지 세계적으로 일자리 717만 개가 사라지고 210만 개가 생겨날 것으로 전망했다. 결과적으로 약 507만 개가 사라진다는 전망이었다.

우리나라에서도 한국고용정보원은 2016년 〈기술 변화에 따른 일자리 영향 연구〉 보고서에서 2025년까지 AI와 로봇이 사람의 업무 상당 부분을 대체할 것이라고 전망했다. 이 보고서는 자동화 대체 확률이 높은 직업으로 콘크리트공, 정육원 및 도축원, 제품 조립원, 청원경찰 등을 제시했다. 자동화 대체 확률이 낮은 직업으로는 화가/조각가, 사진작가/사진사, 작가, 음악가, 애니메이터/만화가 등으로 예측했다.

몇 년이 지난 지금 이와 같은 일자리 감소나 변화 전망이 맞았다는 검증이 이뤄지지 않고 있다. 여전히 진행 중이기도 하지만, 계속적인 새로운 기술의 등장과 기대에 못 미치는 기술의 도태 등으로 변화는 불확실한 영역에 머무르고 있다. 특히 ChatGPT와 같은 생성형 인공지능의 등장은 이전의 예측을 무색하게 만들고 있다.

2016년 한국고용정보원이 자동화 대체 확률이 낮은 직업으로는 뽑은 화가/조각가, 사진작가/사진사, 작가, 음악가, 애니메이터/만화가 등이 ChatGPT는 물론 이미지, 영상, 음악을 만들어 주는 달리2, 미드저니, 스플래쉬 등의 생성형 인공지능에 의해 대체 가능해지고 있기 때문이다. 이뿐만 아니다. 콜센터 상담 직원·사무원·프로그래머·기자·회계사·통역사 등 단순 반복 업무를 수행하는 직업만이 아니라 의사·약사·변호사·리서치 통계 연구원 등 전문직까지 위태롭게 하고 있다. 인공지능이 논리적으로 복잡한 내용까지 분석하고 정리할 수 있게 됐기 때문이다.

2016년 한국고용정보원이 꼽은 인공지능 대체 가능성이 낮은 직업		2023년 생성형 AI 등장 후 전망
1위	화가 및 조각가	달리2(Dall-E2)·미드저니·오픈아트 등 이미지 생성형 AI로 대체 가능
2위	사진작가 및 사진사	현실 사진 촬영은 대체 불가·사진 합성은 가능
3위	작가 및 관련 전문가	ChatGPT 등 텍스트 생성형 AI로 대체 가능
4위	지휘자·작곡가 및 연주가	스플래쉬·무머트 등 음악 생성형 AI로 일부 대체 가능
5위	애니메이터 및 만화가	달리2(Dall-E2)·미드저니·오픈아트 등 이미지 생성형 AI로 대체 가능

[그림 7-4] 생성형 AI 등장으로 사라질 직업들[4]

이와 같이 예측이 틀리는 것은 전문가를 포함하여 여러 사람에게 의견을 묻는 방식의 조사가 갖는 근본적인 한계 때문이다. 미래에 발생할 수 있는 상황은 불확실한 영역인데, 현재의 지식으로 앞으로 발전할 기술이 어떻게 될지 모르는 상황에서 예단하기 때문이다. 또한,

---

4) 머니투데이, 2023. 1. 29

인간과 인공지능을 대립의 관계에서 보면서 인공지능이 못하는 것을 찾는 방식은 오류에 빠질 수 있다. 인공지능이 못하는 것을 하더라도 그것이 사회적으로 높은 가치를 인정받는 일인 것인가는 다른 문제이다. 인공지능이 할 수 있는 일이라고 인간을 배제하는 방식이 되서는 안 되며, '인공지능이 할 수 없는 일은 무엇인가?'를 찾는 방식이 돼서도 안 된다. 인공지능이 하기 어려운 일을 인간이 보완해 주는 방식, 인간이 하기 어려운 일을 인공지능으로 보완해 주는 방식으로 접근해야 올바른 예측이 가능하다고 본다.

그리고 지금은 인간과 인공지능이 서로 조화를 이룰 수 있는 최적의 협력 모델을 찾아야 하는 때이다. 기술의 발달은 새로운 직업의 등장, 인간의 욕구를 확장시켰다. 사진기가 등장하기 전까지 미술은 사실적 묘사를 중요하게 여겼다. 그러나 사진기가 등장하면서 미술계는 사실적 묘사에서 벗어나 입체파, 추상화 등 다양한 미술 풍을 만들어 내었다. 사진기가 처음 등장할 때는 풍경이나 정물 사진을 예술품으로 보지 않았으나, 지금은 사진작가란 직업까지 생기고 예술로서 가치를 인정받고 있다. 그리고 많은 사람이 사진을 찍는 취미 활동을 즐기고 있다. 이와 같이 인공지능 기술은 우리에게 새로운 분야의 등장을 가져올 것이다. 특히 인공지능은 자연과 우주, 생태에 대한 인간의 이해를 높이고, 풍부한 지식을 가져다줄 것이다. 자연에 대한 이해와 지식은 새로운 제품과 기술의 발달로 이어질 것이고 인류의 삶을 풍요롭게 해줄 것이다. 자연과 생태를 더 개선하고, 자원의 낭비를 줄일 수 있도록 하여 지구를 더 지속 가능하게 해줄 것이다. 인공지능은 우리에게 무한의 능력을 가져다줄 도구가 될 것이다.

◼ 지식 생산 체계의 혁명은 전문가 사회의 붕괴로 이어질 것인가?

현생 인류인 호모 사피엔스는 라틴어로 '지혜가 있는 사람'이라는 뜻이다. 지혜는 지식, 경험을 기반으로 올바른 판단, 의사 결정, 행동을 하는 것을 의미한다. 경험이란, 현상에 대한 이해를 바탕으로 직접적으로 터득하여 머릿속에 저장한 정보이므로 생각의 결과이다. 결국 호모 사피엔스는 지식을 갖기 위해 생각하는 사람이라고 할 수 있다. 그리고 지식은 지식을 다루는 도구, 수단의 발달과 함께 발달해 왔다. 인간이 처음으로 기호, 숫자와 문자를 만든 것도 지식을 저장하고 전달하기 위한 것이다. 문자의 발명에 이어서 지식을 기록하기 위한 종이의 발명은 더 많은 지식이 축적되고 퍼져 나가도록 하였다.

그러나 필사로 책을 만드는 것은 무척 많은 노력이 드는 것이었다. 그래서 지식책은 일부 귀족이나 성직자나 가질 수 있는 값비싼 것이었다. 책을 대량으로 찍어 내는 인쇄술이 발명되면서 지식을 담은 책의 생산 비용이 급격히 낮아지자 지식은 소수 권력층의 소유물에서 새로운 더 큰 집단의 소유물로 바뀌었다. 새로운 것을 탐구하고 새로운 이야기소설를 만들어 내는 작가, 학자 집단, 학문이라는 분야가 만들어졌다. 인쇄술로 인해 전문적인, 직업적인 지식의 공급자가 등장하고, 지식 생산 유통 시장이 형성되었다. 그리고 이는 우리가 이미 알듯이 근대 르네상스와 과학 혁명으로 이어졌고, 산업혁명의 지적 토대가 되었다.

산업 사회에는 인쇄술^{서적 출판}만이 아니라 신문, 방송통신 등 새로운 지식과 정보의 유통, 전달 시스템이 등장하였는데, 동일한 특징은 같은 내용의 대량의 정보를 대중에게 전달하는 방식이었다. 산업 사회의 대량 생산 대량 소비라는 표준화된 상품 시장은 지식 유통 체계에도 영향을 미쳤다. 매스미디어, 매스커뮤니케이션이라는 표준화된 정보와 지식 시장은 지식과 정보를 대량 생산 대량 소비하는 방식과 동일하였다. 그러나 이러한 인쇄술의 지식 시장은 출판사와 편집자라는 케이트 키퍼^{문지기}가 있다는 점에서 전문가에게만 개방된 지식 유통 시장이었다. 그리고 전문가들은 오랫동안 전문 분야의 지식과 기술을 익히고 경험을 쌓아 전문가라는 자격을 갖춘 집단을 형성한 것이 지금까지의 산업 사회라고 할 수 있다.

그러나 컴퓨터와 인터넷의 등장은 인쇄술의 지식 유통 시장의 벽을 허물고 더 많은 사람이 지식 유통에 참여하는 지식 세계를 만들었다. 인터넷으로 인하여 지식 유통 비용이 제로에 가까워지면서 누구나^{회사나 집단 등} 자신의 생각이나 이야기를 나누고, 지식 생산과 유통에 참여할 수 있게 되었다. 지식 유통 시장의 벽이 허물어지면서 더 많은 대중의 참여로 정보와 지식이 비약적으로 증대되고, 결국 이는 구글 검색과 페이스북으로 상징되는 소셜미디어, 유튜브 동영상 서비스라는 새로운 인터넷 세상을 열었다. 그리고 많은 정보와 지식도 개인 맞춤형으로 전달되었다.

정보와 지식의 획득이 쉬워지면서 전문적인 지식과 기술, 경험을 갖춘 전문가 집단의 영향력, 권위는 도전을 받고 흔들렸다. 그러나 여전히 전문가 집단의 전문성은 쉽게 허물어지지 않고 있다. 전문적인 판단, 사안에 따라 적합한 지식을 찾아서 판단하는 것은 많은 지식과 더불어 높은 사고력을 요구하였기 때문에 의사, 변호사 등 자격증을 가진 전문가의 영역은 도전 속에서도 유지되고 있다.

그런데 이제 ChatGPT와 같은 생성형 인공지능은 방대한 지식을 기반으로 사안에 적합한 지식을 뽑아내어 분석하는 시스템 2 사고력에 접근하고 있다. 전문가들의 영역으로 남아 있던 능력에 인공지능이 도전하고 있고, 상당한 수준으로 인공지능에 의해 대체될 가능성이 높다. 특히 ChatGPT는 광범위한 정보와 지식을 처리하는 논리 구성력을 보여 주고 있다. 기초 학습 역량을 갖추었다고 할 수 있다. 사람도 이러한 기초 학습 역량을 바탕으로 전문 분야의 지식과 경험을 습득하여 전문가가 되듯이 인공지능도 분야별 전문 지식을 습득한 법률 인공지능, 의료 인공지능, 회계 인공지능, 물리학 인공지능 등 더 한정된전문화된 분야에 더 정확한 지식을 기반으로 세분화되는 단계로 나아갈 것이다. 그렇게 될 경우 변호사, 의사, 회계사 등의 전문성은 인공지능의 심각한 도전을 받게 될 것이다.

일반인들이 접근하기 어려웠던 법률, 행정, 세무 등의 상담을 ChatGPT가 대신할 수 있다. 법률이나 규정에 근거한 서비스들이 오히려 쉽게 인공지능으로 대체될 수 있다. 인간보다 더 많은 정보와 지식, 사고력을 갖춘 인공지능은 24시간 쉬지 않고 상담 서비스를 제공할 수 있다. 처음에는 단순한 상담이 주를 이루겠지만, 점점 더 전문가 수준으로 복잡한 사안을 더 빠르게 처리할 것이다. 전문가에게 의뢰하고 의존하던 많은 서비스가 인공지능으로 대체될 것이다. 법정에서의 다툼과 행정 처리 등이 필요하게 되면 인간 전문가변호사와 계약을 하는 방식이 될 것이다.

그러면 조만간 전문가 사회가 붕괴될 것인가? 아마 그렇지는 않을 것이다. 전문가들의 권한이 법적으로 보호되고 있기 때문에 전문가의 기득권을 빼앗는 것은 사회적, 정치적 투쟁의 영역이다. 그렇더라도 인류 역사에서 살펴보았듯이 결국은 지식 도구의 발전이 더 많은 사람이 전문가가 되는 사회로 이어졌듯이 현재와 같은 전문가 사회의 벽은 허물어지고 더 넓고 더 경계가 모호한 전문가 집단이 등장할 것으로 전망할 수 있다. 인공지능의 도움을 받는 일반인과 전문가의 경계는 흐릿해질 것이다. 전문가들 사이의 경쟁도 심해져 더 인공지능을 잘 쓰고 인공지능과 인간 능력의 이상적인 조화를 찾아낸 전문가들이 두각을 나타나게 될 것이다. 그러나 명확한 것은 인공지능이 누구나 쉽게 전문가가 될 수 있도록 해 준다는 것이다. 인공지능으로 지식 생산 과정이 획기적으로 발전하고 빨라지는 세상을 맞게 될 것은 명확하다. 그리고 인간은 누가 더 이러한 인공지능 도구를 잘 쓰는가를 가지고 경쟁하게 될 것이다.

인공지능은 그동안 등장했던 많은 도구와 기술, 기계들 중의 하나가 아니라 인류 사회에 근본적 변화를 가져온 불, 바퀴, 증기기관과 같이 인간의 삶과 문명을 새롭게 개척하는 도구가 될 것이다. 인공지능으로 우리는 지식의 폭발적 증가, 지식 혁명을 맞이할 것이다. 그리고 우리는 그 변화의 시작을 ChatGPT에서 목격하고 있다.

뉴사피엔스 ChatGPT와 함께 사는 세상이 열리고 있다.

08 교실에서 홍익인간이 부활할까?

- 미래교육가가 묻다

박병기
(미래교육가)

사용자: 홍익인간에 대해 설명해 줄래?

ChatGPT: 홍익인간은 대한민국의 국민정신과 교육 철학을 나타내는 문구 중 하나입니다. 홍익인간은 '홍익이 시멘트를 주고, 익자마자 옥을 만들라'는 유래를 가지고 있습니다. 이 말은 현대적인 해석으로는, 인간의 잠재력은 무궁무진하며, 노력과 교육을 통해 인간의 능력은 높여질 수 있다는 의미를 지닙니다. 이러한 교육 철학은 대한민국 국민정신의 핵심 가치 중 하나로, 자신의 역량을 최대한 발휘하여 인간다운 삶을 살아가는 것을 추구하고, 또한 타인의 발전과 행복을 위해 노력하는 것을 강조합니다.

또한, 홍익인간은 대한민국에서 가장 높은 교육 기관인 서울대학교의 교훈이기도 합니다. 서울대학교의 교육 목적은 홍익인간의 정신을 바탕으로 "인간 존중, 창조와 진리의 추구, 그리고 국제적 역량"을 갖춘 인재를 양성하는 것입니다.

"홍익이 시멘트를 주고, 익자마자 옥을 만들라는 유래를 가지고 있다"는 대목에선 빵 터지는 기분이었지만, 그런대로 설명하려 애쓰는 노력이 가상했다. 필자가 굳이 홍익인간을 질문한 이유는 이 글의 후반부에 설명할 것이다.

위 내용은 GPT-3.5가 장착된 ChatGPT가 써준 것으로 틀린 내용도 있고 엉뚱하다는 느낌을 주었다. 그런데 3월 15일 공개된 GPT-4에서는 다음과 같은 답을 주었다.

"홍익인간 정신은 대한민국에서 매우 중요한 가치 중 하나입니다. 이 가치는 18세기 후반 조선 시대의 서당 현상 중 하나로 시작되었습니다. 홍익인간 정신은 그 이름에서도 알 수 있듯이, 인간을 홍익弘益시키는 가치입니다. 이는 개인적인 성장을 통해 사회적인 발전을 이루고자 하는 아이디어입니다. 이러한 가치는 한국의 독립운동가인 박제가의 시조 "홍익인간, 즉 이런 사람이 되어라"에서도 볼 수 있습니다. 홍익인간 정신은 학문적인 지식뿐 아니라, 도덕적인 가치, 예절, 창의성 등 다양한 측면에서 개인의 성장과 사회적 발전을 추구합니다. 또한, 이 가치는 대한민국의 교육 철학에도 큰 영향을 미치고 있습니다. 학생들에게 학문뿐 아니라, 인성적인 측면에서도 발전시키고자 하는 교육 철학으로 자리 잡았습니다. 이러한 이유로, 대한민국에서는 홍익인간 정신을 중요한 가치 중 하나로 여기며, 많은 사람들이 이를 추구하고 있습니다."

홍익인간 정신은 고조선에서 나온 게 아닐까 하고 한국민족문화대백과사전의 내용을 보여 줬더니 GPT-4가 장착된 ChatGPT는 다음과 같이 답했다.

"제가 이전에 드렸던 답변이 부적절했습니다. 삼국유사의 홍익인간 이야기는 실제로 고조선의 건국과정을 전하는 내용으로 언급되어 있으며, 이와 관련한 설화들이 여러 곳에서 전해져 왔습니다. 홍익인간이라는 용어는 고조선의 건국과정에서 나온 것으로 보이지만, 이와 관련한 구체적인 내용이나 정확한 기원에 대해서는 여러 가설이 제시되고 있습니다. 이와 관련하여 학계에서도 여러 논의가 이루어지고 있으며, 아직까지 정확한 사실은 밝혀지지 않았습니다."

내용의 옳고 그름을 떠나 GPT-4로 넘어오면서 ChatGPT와의 대화가 더욱 깊어질 수 있다는 것을 필자는 느끼게 되었다.

OpenAI에 의해 출시된 ChatGPT가 한창 미국 사회에서 화두였을 때 필자는 미국을 잠시 다녀왔다. 2023년 1월 미국은 ChatGPT의 열기로 뜨거웠다. 여러 곳에서 설명회가 열렸고 ChatGPT로 돈 버는 방법을 소개하는 유튜버들이 인기를 끌었다. 그런데 상당수 언론은 부정적인 소식을 전하고 있었다. 특히 학생들이 ChatGPT로 돌려 과제를 제출하는 바람에 교사와 교수들이 골머리를 앓고 있다는 소식이 줄을 이었다.

일부 교사와 교수는 ChatGPT를 사용해서 제출한 과제를 잡아내어 경고하였고, 실제로 0점 처리를 하기도 했다. 미래 교육을 오랫동안 강단에서 가르친 필자는 교사나 교수들이 이런 시대에 어떻게 해야 하는지를 몇 년 전부터 고민해 왔다. 미래교육자의 입장에서 결론부터 내리고 이 글을 풀어 가고자 한다. ChatGPT를 활용하는 데 주저하지 말자! 인공지능을 잘 다루는 능력을 갖추도록 훈련하고 널리 인간에게 유익하도록 사용하는 방법을 알려 주자!

다음 내용은 필자가 편집장으로 있는 뉴저널리스트 투데이에 올린 칼럼을 재인용한 내용이다.

ChatGPT의 가공할 만한 결과물이 많은 사람에게 위협이 될 정도다.

마치 인터넷이 처음 나왔을 때 학부모들이 초긴장하며 자녀의 인터넷 사용을 막은 것처럼 교육계 지도자들이 ChatGPT의 사용을 막고 나섰다.

하지만 막는다고 될 일일까. 인터넷 사용을 막을 수 있었나. 초기에 인터넷 무용론이 수없이 흘러나왔지만, 지금은 인터넷을 사용하지 않으면, 즉 온라인상에 있지 않으면 거의 아무것도 할 수 없을 정도가 되었다. 60~80대 어르신들도 카톡을 쓰고, 유튜브를 보며 하루를 보낼 정도로 인터넷은 우리 삶의 깊은 곳에 자리하게 되었다.

2000년 12월 5일자 데일리메일 신문 기사를 누군가 사진 촬영을 해서 인터넷에 올렸다. 위 기사 제목은 '인터넷은 지나가는 유행이 될 것이고 수백만 명이 사용하다가 말 것'이라는 의미이다. 불과 23년 전, 이 글을 쓴 언론 기자를 비롯해 많은 사람이 비슷한 생각을 했다. 그래서 인터넷의 나쁜 점을 계속 들춰내는 것이 당시 언론과 인터넷을

[그림 8-1] 영국 데일리메일의 2000년 12월 5일자 기사

반대하는 사람들의 주된 일이었다. 이래서 나쁘고 저래서 나쁘고, 나쁜 이야기가 주를 이루다가 23년이 흘렀고, 인터넷은 유행으로 지나가기는커녕 삶에서 꼭 필요한 그 무엇이 되었다.

　몇 년 전에는 인터넷 사용을 인간의 기본권으로 해야 한다는 학술 논문도 나왔다. 영국 버밍엄대학의 철학과 교수인 머튼 레글리츠는 〈무료 인터넷 접속에 관한 인권〉이란 논문에서 다음과 같은 주장을 펼쳤다.

　"인터넷은 인간의 이익을 증진하고 강화할 수 있다. 나는 인터넷이 인권의 실현과 민주주의의 증진을 가능하게 하는 데 필요하고 무료로 인터넷에 접근하는 것은 인권임을 주장한다. 물론 이것이 인권이 되려면 인터넷 접속은 '감시되지 않고 검열되지 않는다'는 전제가 있어야 한다. 인터넷 서비스는 경제적으로 여유가 없는 사람들에게 '무료'로 제공되어야 한다. 인터넷은 단순한 효율성 향상 기술이 아니라 유례없는 방식으로 인간 존재를 변화시키는 매체라는 것이 나의 주장이다. 인터넷은 개인의 역량을 크게 확장함으로써 인류 전체의 발전에 이바지한다."

20년쯤 후에는 다음과 같은 글을 누군가 쓰지 않을까.

"인공지능은 인간의 이익을 증진하고 강화할 수 있다. 나는 인공지능이 인권의 실현과 민주주의의 증진을 가능하게 하는 데 필요하고 무료로 인공지능에 접근하고 인공지능 로봇을 사용하는 것이 인권임을 주장한다. 물론 이것이 인권이 되려면 인공지능은 인간을 위한 것이라는 AI 윤리 아래에 있어야 한다. 인공지능 서비스는 경제적으로 여유가 없는 사람들에게 '무료'로 제공되어야 한다. 인공지능은 단순한 효율성 향상 기술이 아니라 유례없는 방식으로 인간 존재를 변화시키는 정보 지능이라는 것이 나의 주장이다. 인공지능은 개인의 역량을 크게 확장함으로써 인류 전체의 발전에 이바지한다."

인터넷이 나오고 구글이 나오고 유튜브가 세상에 선을 보인 후 우리의 삶의 방식은 바뀌었다. 이전보다 좋은 세상이라고 말하기는 어렵지만, 이런 도구 및 플랫폼들의 출현을 막을 수 없는 것은 시대의 대세가 되었다. 지금 우리에게 필요한 것은 새로운 도구의 사용을 막는 것이 아니라 그것을 인간을 위해, 인류를 위해 선용하는 방법에 대해 고민하는 것이다. 그것이 교육의 현장에서 이뤄져야 한다.

우선 ChatGPT의 영향력이 어느 정도인지를 알아볼 필요가 있겠다. 이 서비스는 인간과 유사한 언어를 생성할 수 있다. ChatGPT는 언어 생성을 위해 수십억 개의 단어를 사용하거나 500GB 이상의 용량을 동원한다고 한다. 이는 전자책으로 본다면 100,000권에서 167,000권의 분량이다. 똑똑한 수준이 인간을 넘어선다. 물론 여전히 완벽하지는 않다. 그런데도 ChatGPT는 현재 글을 쓰며 업무를 진행하는 사람들에게 엄청난 영향을 미치고 있다. 카피라이팅, 고객 응답 서비스, 보고서와 문서 작성 같이 전통적으로 인간이 수행했던 분야다.

ChatGPT를 사용할 때 코딩을 배울 필요가 없다. 우리가 쓰는 자연 언어로 기계와 대화를 할 수 있다. ChatGPT는 우리가 쓰는 자연 언어를 시뮬레이션하는 기술을 사용하여 사람과 기계 사이의 소통 문제를 해소하기 때문에 엄청난 잠재력이 있다. 기존의 챗봇보다 더 향상된 점은 말이나 글 뒤에 있는 맥락과 의도를 이해한다는 데 있다. 기존의 챗봇을 사용해 보면 '역시 기계는 기계'라고 생각하게 되지만, ChatGPT는 "정말 이렇게까지 이해도가 높아?"라는 탄성이 나오게 한다.

ChatGPT는 딥러닝을 사용하여 언어를 이해하고 언어 구조를 예측한다. 따라서 사람처럼 말하고 주어진 프롬프트에서 텍스트를 생성하고 XML 같은 마크업 언어를 작성할 수 있다. 자연어 처리를 활용해 다양한 작업을 이해할 수도 있다.

ChatGPT는 정보뿐만 아니라 정서적 지원과 조언을 제공하는 데 사용할 수 있다고 한다. 물론 완벽한 것은 아니다. 필자가 사용해 보니 때론 잘못된 정보를 제공하기도 했다. 예를 들어, "박찬호는 메이

저리그 역대 투수 중 승수에서 몇 위냐?"라고 물었더니 ChatGPT는
"박찬호 앞에 천 명쯤 더 있다."라고 답했다. 실은 박찬호는 역대 400
위쯤에 랭크되어 있는데 이는 ChatGPT의 잘못된 정보 제공이다.
ChatGPT는 'I apologize'라는 말로 자신의 정보가 틀렸음을 인정한
다. 이 정보는 다음 버전인 GPT-4에서 업데이트되었다. 다음과 같이
GPT-4는 알려주었다. "역대 메이저리그 전체 순위에서는 박찬호의
승수가 상위권에는 위치하지 않지만, 아시아 출신 투수 중에서는 높
은 순위를 차지하고 있습니다. 2023년 현재의 정확한 순위를 확인하
려면 최신 메이저리그 야구 기록을 참조해야 합니다." GPT-4는 확실
히 발전된 결과물을 보여 줬다. 이렇게 사용자가 알려준 '바른 정보'
는 GPT-4.0 버전, 즉 다음 버전에서 업데이트되었다.

비즈니스계 지도자들은 업무 효율 때문에 ChatGPT를 반기는 분
위기이지만 교육계 지도자들은 상당히 못마땅하게 여기고 있다. 미국
의 일부 공립학교에서는 학교 와이파이를 통해 ChatGPT에 접속하는
것을 금지했다고 한다. 일부 대학에서는 작문 시험 대신 구술 시험을
보고 그룹 과제를 늘리고 과제물을 손으로 써서 내도록 했다.
이는 마치 공기 호흡을 막겠다고 애쓰는 모습과 비슷하다. 공기를
막는다고 호흡을 할 수 없겠는가. 물론 밀폐된 공간에 가둬 두고 공기
호흡을 막을 수는 있지만, 그 경우 죽이겠다는 의도 외에는 없다.

뉴욕타임스의 기술 칼럼니스트인 케빈 루스는 ChatGPT를 막는
것에 대해 반대하는 글을 썼다.

"요즘 학생들은 학교를 졸업하면 AI로 가득 찬 세상을 살게 될 것이다. 좋은 시민이 되기 위해서는 AI가 어떻게 작동하는지, 어떤 편견을 가졌는지, 어떻게 오용되거나 무기화될 수 있는지를 이해하기 위한 경험이 필요하다."

생성형 AI를 사용해서 글을 더 잘 쓰고, 프로젝트를 더 잘하고, 학교를 졸업한 후 더 효과적인 업무를 하는 사람으로 만드는 교육이 요구된다는 것이다.

ChatGPT는 3월 15일 현재 GPT-4 기술을 사용한다. GPT-1에서 GPT-4까지 발전한 대표적인 케이스다. 어떤 전문가가 "GPT-40이 나오면 어떻게 하려고 하는데요?"라는 질문을 한 적이 있다. GPT-3에도 이렇게 충격을 받는데 GPT-40이 나오면 순간적으로 수십조 단어의 데이터를 활용해서 정보를 제공하게 될 것이다. 500GB가 아니라 500TB의 데이터를 활용하게 될지도 모른다. 책 몇 권 또는 아티클 몇 개 읽고 글을 쓰고 프로젝트를 준비하는 것과는 차원이 다른 세상에서 우리는 살게 된다. 인공지능 전문가인 배영식 씨는 필자에게 "GPT-40까지 갈 것도 없고 GPT-4까지 가면 인공지능은 옵티마이징 작업을 거쳐 온전히 전문가가 되어 있을 것이다. 엄청나게 무시무시한 도구가 된다."라고 했다. 실제 인터뷰 후 GPT-4가 나왔는데 확실히 큰 발전이 있음을 알수 있었다.

우리가 석박사 과정에서 논문을 쓸 때 책과 논문 400~500권 정도를 참고한다면 나름 노력한 논문이라고 생각한다. GPT-3가 300쪽짜리 전자책 100,000권에서 167,000권 정도의 데이터를 활용한다고 본다면 GPT-4o은 아마도 수십억 권의 데이터를 참고한 결과를 내어줄 것이다. 인간이 도무지 해낼 수 없는 분량이다. 그리고 배 대표의 말처럼 GPT-4부터는 모든 분야의 전문가를 옆에 두는 상황이 된다.

인공지능은 비서가 아니라 인간의 모든 정보를 꿰찬 교수처럼 되는 것이다. 그럼 인간이 해야 할 일은 없는가. 인간은 데이터에 함몰되지 않고 데이터를 활용해 다른 인간에게 유익하도록 하며 인공지능이 인간을 넘어서지 않도록 적절한 선을 만드는 윤리적인, 법적인 경계선을 만들어야 한다. 그리고 데이터를 제어하는 자들이 독점권을 갖지 않도록 하고, 그들에게 데이터 세금을 내도록 해야 한다. 그 세금으로 노동은 줄이고 여가를 더 즐기고 의미 있는 일에 시간을 더 쓰도록 어렸을 때부터 교육해야 한다. 그렇지 않으면 서울대 유기윤 교수가 예상했던 99.997%가 프레카리아트[1]가 되는 시대가 올 수도 있다. 유 교수의 말처럼 0.003%는 데이터와 플랫폼을 소유한 자들로 세상의 모든 부를 독점할 수 있다.

ChatGPT는 우리로 하여금 'AI 시대의 시민의식'을 더 빨리 습득할 수 있도록 동기 유발을 하는 그 무엇이라고 필자는 생각한다. 유기윤 교수는 2090년에 힘든 세상이 올 수도 있다고 전망했다. 현재 속도라면 2090년이 아니라 2039년쯤 그런 세상이 올 수도 있다. 어쩌면 2030년이 될 수도 있다. 엄청난 속도로 세상은 움직이고 있다.

---

1) 일상적인 불안정 고용과 저임금에 시달리는 저숙련·비정규직 노동자와 실업자 등을 총칭.

- 미래교육가가 묻다
Chapter 08. 교실에서 홍익인간이 부활할까? **173**

21세기 러다이트 운동 경계해야

러다이트는 19세기 초반 영국에서 있었던 사회 운동으로 섬유 기계가 인간의 일자리를 뺏어간다며 기계를 파괴하려는 운동이었다. 폭동으로 치달을 정도로 기술에 대해 엄청나게 반대했다. 나중에 러다이트는 산업화, 자동화, 컴퓨터화 또는 신기술에 반대하는 사람을 의미하게 되었다. ChatGPT의 사용을 막는 것은 러다이트 운동과 크게 다를 바가 없다. ChatGPT가 인간이 하는 일을 손쉽게 해내면 인간은 할 일이 없고, 인간을 평가하는 게 어렵게 된다. 그래서 이를 사용하지 못하게 하면 그 못하게 하는 자는 21세기형 러다이트가 된다고 필자는 생각한다.

물론 ChatGPT의 대항마를 만드는 것은 나쁘지 않다고 본다. 미국 스탠퍼드대학 연구팀은 ChatGPT의 대항마로 DetectGPT이하 디텍트GPT를 만들었다. 영어 단어 Detect는 '감지하다'라는 의미가 있다. 디텍트GPT는 AI 또는 기계로 작성된 콘텐츠를 감지한다. 이 대학의 연구팀이 만든 이 새로운 GPT는 테스트 결과 95%의 정확도를 나타냈다고 한다. 스탠퍼드대학 연구자들은 이 소프트웨어가 대학에서 학생들이 논문을 쓰거나 과제를 써서 제출할 때 부정행위를 감지하기 위해 사용될 수 있다고 알렸다.

이렇게 ChatGPT가 내어준 내용을 그대로 사용하는 것이 아니라 이를 협력자로 보고 사용하는 것이 더 낫다.

GPT가 GPT-2, GPT-3에 머물러 있는 상황에서는 이와 같은 노력이 의미가 있다. GPT의 수준이 4, 5, 6, 7… 이렇게 높아지면 식별하고 구별하는 것은 별 의미가 없을 수 있다. 워낙 높은 수준으로 아웃 풋이 나오면, 즉 인간이 도저히 따라갈 수 없는 수준까지 결과물이 올 라가면 '식별'이라는 말은 큰 의미가 없을 수 있다. ChatGPT가 생성해 내는 콘텐츠의 수준이 매우 높고 그것이 인류의 발전에 도움이 된다 면 군이 식별할 이유가 있을까.

교육자들은 ChatGPT 사용을 막는 게 아니라 이 도구를 사용해서 어떤 프로젝트를 진행하거나 좀 더 창의적인 과제를 하도록 끌어낼 필요가 있다. 공부하는 목적이 바뀌어야 한다. 그동안 공부가 더 많은 내용을 암기하고 이 내용을 시험에서 잘 활용해서 높은 점수를 받는 것이었다면, 2023년 현재 교육자들은 빨리 그 목적을 바꿀 수 있도록 도와야 한다. 암기나 단순히 글 잘 쓰는 것으로 학생을 평가하는 것 은 막을 내려야 한다. 한양대 공대 김창경 교수는 강연에서 다음과 같이 말한 적이 있다.

"우리 공대는 꽤 잘 알려졌는데 우리 학교에서 A학점을 받은 학생 에게 '네가 연봉 몇천만 원을 초봉으로 받는다고 할 때 이 앱수학 계산 에 쓰는 앱을 3천 원 주고 사려고 할까 아니면 너에게 몇천만 원을 주고 너를 고용하려고 할까?'라는 질문을 한 적이 있다. 머뭇거리는 그 친 구에게 '나는 3천 원짜리 앱을 쓸 것'이라고 답했다."

문제를 풀고 단순한 글을 쓰고 단순한 아이디어를 뽑아내는 것은 이제 인공지능이 더 잘한다. 얼마 전까지만 해도 인공지능이 사람보다 글을 더 잘 쓰고 아이디어도 더 좋다고 할 수 없었는데, 적어도 대중 은 그렇게 인지했는데, ChatGPT의 등장은 이런 생각을 완전히 바꿔 놓았다.

[그림 8-2] DALL·E가 만들어 낸 '디지털 시대 러다이트 운동의 이미지'[2]

필자가 한 사업가에게 ChatGPT의 결과물을 보여 준 적이 있다. 그의 반응이 흥미로웠다.

"이제 눈치를 보며 직원들에게 이것 해달라 저것 해달라고 할 필요 없게 되었다. 일부 사장들이 갑질을 하지만 요즘은 업무를 할 때 직원들 갑질도 만만치 않다. ChatGPT의 등장은 반길 만한 일이다."

이런 반응이 대세라면, 미래의 직장, 공장, 사업 터에서는 사람보다는 인공지능이 더 활용될 가능성이 크다는 것을 시사해 준다. 그렇다면 사람은 무엇을 준비해야 하고 일자리의 미래는 어떻게 될 것인가.

2) 2023년 3월 4일 필자 생성

홍익인간 정신이 회복돼야

필자는 대한민국의 교육 철학이 실제 교실에서도 그대로 적용되어야 한다고 본다. 우리의 교육 철학은 홍익인간 정신이다. 실제 수업 현장에서 홍익인간 정신은 단순한 구호이고 지식일 뿐이지, 교육 안으로 깊숙이 들어와 있지는 않다. 우리는 초등학교에서 대학교까지 홍익인간 정신이 깃들어 있는 교육을 하거나 받지 않는다. 오직 처음부터 끝까지 암기, 암기, 암기가 주를 이룬다. 암기 잘하는 순서로 전국 1등부터 꼴등까지 줄을 세우고 암기 잘하면 '좋은 학생' 못하면 '문제 학생'으로 낙인찍는 교육을 우리는 진행해 왔다. ChatGPT에 각종 시험을 보게 했더니 통과도 잘하고 꽤 결과가 좋다는 보도가 있었다. GPT-4에서 GPT-5, GPT-6로 업그레이드될수록 인공지능은 대부분 시험에서 1등 자리로 우뚝 솟아오를 것이다.

암기하고 시험 준비를 하는 교육은 이제 중단되어야 한다. 그래야 교육이 살아난다. 지금까지는 암기 잘해서 시험 잘 보고 대학 가고 취업하는 것이 학생의 미덕이었지만, 앞으로는 김창경 교수의 말처럼 인공지능이 그런 일은 더 잘하기에 사람은 사람이 더 잘하는 것을 찾아야 한다. 그런데 우리 교육은 이미 좋은 것을 갖고 있다. 바로 홍익인간 정신이다.

우리가 공부하고 시험을 보며 다음 단계로 넘어가는 이유는 세상을 더 이롭게 만들기 위함이라는 철학이 교실 안으로 다시 들어오면

ChatGPT 할아버지가 와도 두렵거나 혼란스럽지 않다. 오히려 이러한 도구의 등장에 감사할 것이다.

그런 철학 및 세계관을 가진 교수와 교사들은 ChatGPT의 등장이 그다지 두렵지 않을 것이다. 그러나 전통 교육 방식을 고수하는 교수나 교사에게 ChatGPT는 혼란을 주는 도구다. 그동안 쌓아온 경험과 지식이 모두 쓸모없는 것처럼 전락할 수 있다는 두려움이 그들에게 밀려온다. 그들은 ChatGPT가 내어 준 내용을 긁어서 붙여넣기를 하고 과제를 제출하는 학생의 행동에 신경을 곤두세울 수밖에 없다.

교육 철학이 바뀌면 ChatGPT를 통해 과거의 내용을 단순히 끄집어내는 것보다 과거의 내용을 현재나 미래에 적용해서 널리 사람들에게 어떻게 이롭게 할 것인가라는 과제를 내줄 수 있다. 그리고 ChatGPT의 사용이 오히려 더 좋은 결과를 내게 할 것이다. 널리 사람을 이롭게 하는 것을 잘하는 학생에게 '좋은 학생'의 칭호를 주는 것이 뒤따라 주면 새로운 교육 철학이 자리를 잡게 된다.

과거 계산기가 등장했을 때 이를 대하는 태도가 국가마다 달랐다. 미국은 계산기를 수학 시간과 시험 보는 시간에 갖고 들어가도록 했다. 한국은 계산기를 수학 시간이나 시험 시간에 사용하지 못하게 했다. 그 결과 한국 학생들은 산술적 계산은 매우 잘했지만, 계산하느라 창의적인 사고를 하지 못했다. 미국 학생들은 계산을 잘하진 못했지만, 계산은 계산기에 맡기면서 창의적인 사고를 했다. 계산기를 도입하고 도입하지 않은 차이가 있었다. 이는 결과적으로 산업에 큰 차이가 나도록 했다. 미국 실리콘밸리의 기술은 계산을 잘하는 사람이 아닌 창의적인 생각을 하는 사람들에 의해 전 세계로 팽창했다. 계산기를 수학 시간에 사용하는 것이 나은가, 낫지 않은가, ChatGPT를 수업 및 과제에 사용하는 것이 나은가, 낫지 않은가를 결정하는 것은 미래 사회에 큰 영향을 미칠 것이다.

미국 학교는 영어 시간에 주로 다섯 문단의 에세이를 쓰게 한다. 에세이를 쓸 때 학생들은 사실상 어떤 공식에 의해서 쓰기 때문에 창의적인 글이 나오기 쉽지 않다. ChatGPT를 사용하면 긴 문장으로 자신만의 독특한 창의적인 글을 쓸 수 있다. ChatGPT는 형식적이고 평범한 작문 작성을 중단시키고 다양한 아이디어를 펼칠 수 있도록 이끌 것이다.

에세이를 쓸 때 학생에게 ChatGPT의 도움을 받은 부분에는 아예 출처 표시를 하도록 한다면 어떨까. ChatGPT와의 협업으로 에세이를 쓰게 한다면 어떨까. 역사 공부할 때도 마찬가지다. 연도를 외우고 단순한 팩트를 암기하는 것이 아니라, 과거의 내용을 갖고 현재와 미래 사회에 적용하는 정보를 얻고 현재와 미래의 문제를 해결하는 쪽으로 프로젝트를 주면 어떨까. 영어, 역사 시간에 짧은 에세이를 쓰는 게 아니라 소책자를 만드는 프로젝트를 주고 이를 e북으로 만들게 하면 어떨까. 학생 모두에게 저자가 될 기회를 주는 것이다.

물론 여기에서도 ChatGPT의 도움을 받은 부분을 표시해 주는 것을 전제로 한다. 수학도 단순히 문제를 푸는 것보다, 문제는 ChatGPT 가 풀게 하고 그 풀어낸 결과물로 사람은 자연의 비밀을 알아내고 세상 사람들에게 유익을 주는 과제를 한다면 수학 포기자가 많이 줄어들고 수학을 문제 푸는 학문의 자리에서 벗어나도록 도울 것이다.

ChatGPT는 자기주도학습에 큰 도움을 줄 수도 있다. 지금까지의 교육은 교사가 교재를 들고 학생들에게 콘텐츠를 가르치면 학생들은 그것을 듣고 학습하고 주어진 과제를 제출하고 시험을 보는 것으로 평가를 받는 것이 일반적이었다. 앞으로의 교육은 자기주도학습의 1 대 1 맞춤 교육이 중요해지는데, 이것을 교사가 돕는 게 아니라 학생 스스로가 ChatGPT에 물어가며 학습 계획서를 짜고 커리큘럼을 짜게 한다. ChatGPT를 사용해서 수업 계획 및 수업 활동에 대한 아이디어를 생성할 수 있다. ChatGPT에 궁금한 것을 물어보고 답을 얻어낼 수 있다는 장점도 있다.

MOOC대중적 공개형 온라인 코스의 대표 격인 코세라Coursera는 수십만 건에 이르는 교수들의 강의 내용을 ChatGPT 데이터 세트를 만들어 세상에서 가장 똑똑한 인공지능 교수를 만들 계획이라고 발표한 바 있다. 학생들이 교수들에게 직접 물어보는 데는 제한이 많으나 교수들의 강의 내용이 모두 들어 있는 ChatGPT에 물어보면 최고의 답을 얻어낼 수 있고, 이를 활용해 창의적인 결과물을 도출해 낼 수도 있다. 지식을 내 머리에 쌓는 게 아니라 컴퓨터에 쌓여 있는 지식을 현장에서 적용하는 것으로 공부가 바뀌면 효율적인 공부가 될 것이다. 이는 미래 사회에 필요한 교육법이라고 할 수 있다.

미국 벨헤이븐대학 국제디렉터인 인세진 교수는 eMeta English의 대표이자, 영어 교육 전문가다. 그는 최근 ChatGPT를 사용해 보고 다음과 같은 의견을 냈다.

"결론적으로 교육에 AI 기술을 접목한다는 것은 놀라운 혁명을 가져다준다. 교육 분야에서 더욱더 깊은 지식과 통찰력을 키우면서 AI를 주도해야 하겠다는 생각을 하게 된다. 얼마나 정확하게 정보를 입력할 수 있는 글쓰기 능력이 있는가가 중요하다는 것을 깨닫는다. 또한, 동시에 평소에 인문학적 소양과 다양한 지식이 있어야 이 ChatGPT를 효과적으로 사용할 수 있다는 것을 알게 되었다. 이런 면에서는 우리가 할 영역이 여전히 무궁무진하게 남아 있다는 결론을 내리게 된다. 학생들이 끊임없이 독서와 글쓰기에 몰입해야 하는 이유가 바로 여기에 있는 것 같다. 세상에 지식을 이 ChatGPT를 통하여 다 얻을 수 있다고 말하지만, 정작 이러한 지식을 얻기 위하여 각자 개인이 그 지식을 습득할 만한 개인적인 소양과 능력이 필요하다고 본다. 따라서 교육에서도 ChatGPT를 갖고 해야 할 영역이 무궁무진하다고 생각해 본다."

인세진 교수의 견해에 전적으로 동감한다. 우리가 어떻게 하느냐에 따라 교육 현장에서 ChatGPT의 활용 영역은 무궁무진할 것이다. 필자는 글을 끝내며 ChatGPT에 재미있는 질문을 던져 봤다. 필자를 인터뷰해 달라고 부탁한 것이다. 인공지능이 인터뷰어interviewer가 되었고 사람이 인터뷰이interviewee가 되었다. 다음은 인터뷰 일부를 간추린 내용이다.

ChatGPT: 안녕하세요? 박병기님 반갑습니다. 당신이 편집장으로 일하고 있는 뉴저널리스트 투데이를 소개하는 기사를 공유해 주셔서 감사합니다. AI 언어 모델로서 감동되는 마음은 있을 수 없지만, 세상에 긍정적인 영향을 미치고자 하는 강력한 언론 매체의 중요성은 이해할 수 있습니다. 박병기 님께 질문하도록 하겠습니다. 뉴저널리스트 투데이에서 당신의 역할에 대해 더 자세히 말씀해 주시겠습니까?

필자: 저는 기사를 기획하고 기사를 쓰고 다른 기자들의 글을 교정하고 편집하는 역할을 맡고 있습니다.

ChatGPT: 미국 지사장과 편집장으로서의 책임은 무엇입니까?

필자: 지금의 언론은 한국을 허브로 하고 인도, 미국 등지에서 지사를 계속 낼 예정입니다. 저는 외국을 담당하는 대표가 될 것 같습니다. 저는 뉴저널리스트 투데이의 성공을 위해 새로운 아이디어와 새로운 기술을 도입하며 이바지할 계획입니다. 또한, 글로벌한 사고를 갖고 한국 언론의 경계선을 넘어서는 데 기여할 것입니다.

ChatGPT: 뉴저널리스트 투데이에 소개할 새로운 아이디어와 기술에 대해 자세히 말씀해 주시겠습니까? 관련성과 경쟁력을 유지하기 위해 변화하는 미디어 환경에 발맞추고 새로운 기술을 채택하는 방법은 무엇입니까?

필자: 뉴저널리스트 투데이는 미래교육을 기초로 AI 디지털 미디어 리터러시를 가르치고 적용하고 있습니다. ChatGPT 등 AI를 적

극적으로 활용하는 언론이 될 것입니다. 그래서 우리는 미래교육과 AI 디지털 미디어 리터러시를 기초로 콘텐츠를 만들어낸다고 말하고 있습니다. 실제 그렇게 운영을 하려고 합니다. 중략 그리고 공정하고 객관적인 보도를 위해 노력할 것입니다.

ChatGPT: 공정하고 객관적인 보도를 위해 어떻게 균형을 잡을 계획입니까? 언론 매체가 중요한 문제를 보도할 때 편견 없이 독립적으로 유지되도록 하려면 어떻게 해야 합니까?

필자: 최대한 많은 데이터를 활용하는 게 중요합니다. 특히 인공지능과 빅데이터를 잘 활용할 필요가 있습니다. 여기에 다양한 분야 전문가들의 통찰을 기초로 기사를 작성하려고 합니다. 편견이 없거나 편견을 최대한 줄여 보도하려면 다자의 의견에 마음을 열어 들어보려는 노력이 필요합니다.

ChatGPT: AI 및 기타 기술의 사용과 공정하고 객관적인 보도의 필요성 사이의 균형을 어떻게 계획하고 이러한 기술의 사용이 보도의 품질 또는 언론 매체의 독립성을 손상하지 않도록 무엇을 할 계획입니까?

필자: 결국 AI 기술을 사용할 때 균형된 기사를 만들려면 해당 분야 전문가의 통찰력이 필요합니다. AI가 주는 글을 그대로 갖다 쓰면 위험할 수 있습니다. 따라서 해당 분야 전문가의 감수가 필요합니다. 기자는 따라서 전문가가 되어야 합니다. 이는 기사의 품질과 양을 크게 바꾸는 요소가 될 것입니다.

09 미래 트렌드는 무엇인가?

- 미래전략가가 묻다

윤기영
(한국외국어대학교 겸임교수, 에프엔에스컨설팅 미래전략연구소장)

사용자: 거대 언어 모델LLM과 관련된 트렌드는 무엇일까요?

ChatGPT: (중략) 융합 모델 분야가 발전하고 있습니다. 지식그래프, 강화학습, 어텐션 메커니즘 등 다양한 인공지능 모델들을 융합하여 성능을 개선하는 연구가 진행되고 있습니다. 윤리적 고민이 발생하고 있습니다. LLM은 높은 성능을 가지고 있기 때문에 허위 뉴스, 딥페이크, 프로파간다 등의 악용 가능성에 대한 우려가 커지고 있습니다. (생략)

질의 문구는 "What are trends relevant to large language models?", 질의 시점은 2023년 2월 26일이다. 질의 문구와 질의 시점을 기재한

이유는 문구에 한 글자라도 차이가 있거나, 질의 시점이 다르면 답이 다르기 때문이다. 영어와 한국어로 각각 질의했는데 답변은 같았다. ChatGPT는 다섯 개의 트렌드를 제시했는데 만족할 만한 수준은 아니지만 충분히 참고할 가치는 있었다. ChatGPT에 반복적으로 질문하고, 다양한 보고서를 탐색해 모두 8개의 트렌드를 추려냈다.

- 거대 언어 모델 규모 증가
- 다중 언어 지원
- 거대 언어 모델 융·복합
- 학습 비용 및 운영 비용 감소
- 활용 분야 확장
- 답변 정확도 향상 노력
- 윤리 충돌 문제 회피 노력
- 새로운 모델과 오픈 소스 등장

거대 언어 모델의 '덩치' 계속 커질까?

거대 언어 모델의 규모가 증가한다. 이 모델을 포함한 인공지능의 규모는 매개변수parameter의 수를 의미한다. 매개변수는 인간의 시냅스에 대응한다. 인간은 대충 1,000억 개의 뇌세포, 100조 개의 시냅스를 가지고 있다. 인간의 학습과 망각은 새로운 시냅스가 연결되고 끊어지는 데 있다.

시냅스의 규모가 크고 잘 연결되었다면 '똑똑한' 것으로 여길 수 있다. 인공지능도 다르지 않다.

엔비디아에서 정리한 시기별 자연어 처리 인공지능의 규모는 급격하게 증가했다. 아래 [그림 9-1]은 로그 척도로 표현했다. 2018년에 제안된 인공지능 모델 ELMo에 비해 2020년 중반에 발표된 GPT-3는 대략 1,860배 증가했다. 매개변수의 규모가 기하급수적으로 늘었다.

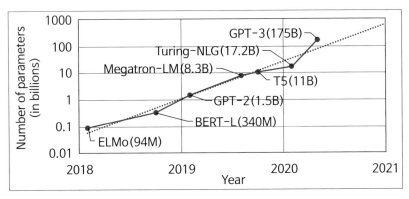

[그림 9-1] 시기별 자연어 처리 인공지능의 규모

데이터 소스: NVIDIA[1]

규모를 놓고 치열한 경쟁이 벌어지고 있다. 거대 언어 모델의 하나인 BLOOM은 1,760억 개, 네이버의 하이퍼클로바는 2,040억 개, 엔비디아의 MT-LNG는 5,300억 개, 구글의 스위치트랜스포머는 1조

1) Narayanan, Deepak, et al. (2021.04).Scaling Language Model Training to a Trillion Parameters Using Megatron. NVIDIA. accessed at Feb. 24th, 2023. https://developer. nvidia.com/blog/scaling-language-model-training-to-a-trillion-parameters-using-megatron/

6,000억 개, 베이징 아카데미의 WuDAO는 GPT-3의 꼭 10배인 1조 7,500억 개에 달한다. GPT-3의 다음 버전인 GPT-4의 매개변수 규모에 대해서는 의견이 나뉜다. 2023년 3월 14일 공개된 GPT-4의 매개변수 규모는 공식적으로 발표되지 않았으나, 일부 전문가는 1,750억 개에서 2,800억 개 사이로 짐작하고 있다.

최근까지는 거대 언어 모델 규모가 커졌지만 앞으로도 이러한 추세가 지속될지는 분명하지 않다. 규모의 증가가 곧 거대 언어 모델의 품질 상승으로 이어지지 않는다는 연구도 있다. 규모의 증가는 거대 언어 모델을 담는 컴퓨터 시스템의 크기 증가를 의미한다. 컴퓨터 시스템의 크기 증가는 운영 비용의 상승을 뜻한다. 물론 운영 비용이 올라가더라도 그만한 효과를 거둘 수 있으면 된다. 비용보다 효율성이 높으면 정부와 기업은 충분히 투자할 수 있다. 그러나 규모가 커진다고 거대 언어 모델의 정확도가 올라가는 데 한계가 있다면 얘기가 달라진다.

복잡한 신경망 네트워크 속에서 인공지능은 길을 잃을 수 있다. 이를 업계 용어로 '환각'Hallucination 이라고 한다. ChatGPT가 엉뚱하거나, 사실과 다른 답변을 하는 이유는 환각 때문이다. 이 환각은 거대 언어 모델의 규모를 단순히 늘린다고 해서 줄어들지 않는다는 연구가 있다.

거대 언어 모델이 커질수록 활용에도 제한이 생긴다. 예를 들어 스마트폰에 거대 언어 모델을 탑재하기 위해서는 매개변수의 규모를 상당히 줄여야 한다. 클라우딩으로 거대 언어 모델 서비스를 제공할 때도 매개변수의 규모는 적절한 수준을 유지해야 한다.

　결과적으로 운영 비용, 비즈니스 모델, 품질의 한계로 인해 인공지능 규모가 무작정 커지지 않을 수 있다. 다만 새로운 인공지능 모델이 등장하고 컴퓨터 하드웨어가 무어의 법칙[2]을 회복한다면 이러한 제약에서 벗어날 수도 있다.

◼️ 세상의 '모든' 언어를 지원한다?

　ChatGPT에 물어보면 2021년 6월을 기준으로 이 인공지능은 100개 언어를 번역할 수 있다고 한다. 다중 언어 지원은 ChatGPT만 하는 것은 아니다. 허깅페이스와 빅사이언스가 개발한 거대 언어 모델인 BLOOM은 46개 언어로 된 텍스트로 학습했다. 즉 46개 언어를 지원할 수 있다는 의미다.

　거대 언어 모델이 다중 언어를 지원하는 이유는 너무나 분명하다. 비영어권 국가와 문화로 시장을 확대해야 하기 때문이다. 개발자와 조직이 비영어권에 속한 경우가 있다. 몇 개의 언어에 집중하는 국가도 적지 않다. 우리나라의 거대 언어 모델은 한국어와 영어 텍스트 학습에 집중한다. 중국의 경우 중국어와 영어 텍스트를 중심으로 학습한다.

---

2) 무어의 법칙 : 인텔의 부사장인 고든 무어(Gordon Moore)의 이름을 딴 것으로 18개월마다 반도체 집적도가 두 배씩 증가한다는 법칙이다. 무어의 법칙은 물리학적으로 지속 가능하지 않다. 반도체를 구성하는 회로의 선폭이 일정한 크기 이하로 줄 수 없기 때문이다. 단순하게 설명하자면, 선폭이 원자의 지름보다 작을 수는 없다. 인텔을 대표로 2016년부터 무어의 법칙을 지키지 않는 것으로 했다.

현재 ChatGPT는 한국어, 영어, 또 다른 언어로 물어보아도 그 답이 크게 다르지 않다. 번역으로 인한 사소한 차이가 있을 뿐이다. 영어를 중심으로 다른 언어를 지원하고 있다는 의미다.

초기 ChatGPT는 우리말과 영어로 질문하면 그 답이 달랐다. 우리말로 질문하면 한국어 텍스트에서 학습한 것으로 답을 했고, 영어로 질문하면 영어 텍스트에서 학습한 것으로 답변했다. 지금은 영어 이외의 언어로 질문하면 4단계를 거쳐 답을 내는 것으로 짐작된다. 질의 내용을 영어로 번역한 뒤 영어로 질의하고 영어로 답변한 뒤 그 내용을 다시 해당 언어로 바꾸는 4단계 구조다. 이런 방식이라면 답변의 일관성을 보장하고 풍부한 텍스트 데이터를 확보할 수 있다.

그렇다고 ChatGPT가 다중 언어 번역 시장을 독점할 것 같지는 않다. 아예 번역에 특화된 거대 언어 모델이 있기 때문이다. 번역 인공지능인 디플DeepL 프로 버전의 매개변수 규모는 60억 개에 달하는 것으로 알려져 있다.

디플 사례를 통해 특화 혹은 틈새시장을 노리는 거대 언어 모델의 등장을 예견할 수 있다. 인터넷 검색 엔진이 있어도 아마존이라는 틈새시장이 열렸고, 아마존이 시장을 장악해도 아이허브iHerb 와 같은 더 좁은 틈새시장이 열렸다.

◼️ 융·복합이 대세다

융복합은 특별한 일 하나만 하던 인공지능, 즉 특수 인공지능을 다양한 일을 할 수 있도록 하는 기술적 대안이다. 융합은 녹여서 하나가 되는 것을 의미하며, 복합은 서로 다른 것을 연결하여 하나가 되는 것을 말한다. 예를 들어 융합이 금과 은을 녹여서 하나가 되는 것이라면 복합은 자동차 엔진에 바퀴를 달아서 특정한 목적을 달성하게 하는 것이다.

인공지능에 있어서 융합은 하나의 인공지능에 언어 지능과 시각 지능을 합치는 방식으로 일어난다. 딥마인드Deepmind가 개발한 거대 언어 모델 가토Gato가 사람과의 대화를 통해 로봇 팔을 움직이는 것이나, 중국의 WuDAO 2.0이 언어 지능과 시각 지능을 모두 담고 있는 것이 융합에 해당한다. 복합 사례로는 말을 글로 바꾸는Speech to Text 서비스를 들 수 있는데 음성 지능과 언어 지능이 결합한 인공지능이다.

인공지능의 융합을 멀티모달multi - modal이라고도 한다. 이미지와 텍스트를 함께 조합해서 검색하는 것도 멀티모달에 해당한다. ChatGPT는 컴퓨터 코딩과 명령을 통해 멀티모달을 달성할 수 있다. 거대 언어 모델의 다수는 컴퓨터 코딩을 통해 그림을 그릴 수 있으며, 전자 장치의 통제 등이 가능하다. GPT- 4는 적극적으로 텍스트와 이미지를 통합하여, 이미지의 의미를 이해하고, 도표를 해석할 수 있도록 했다. 이미지에 일종의 유머가 있다면 그 의미를 텍스트로 출력하는 데까지 발전했다. 그만큼 범용성이 강화되었다. 언어, 시각, 음성 지능을 통합한 멀티모달 인공지능의 발달은 하나의 중요한 트렌드다. 멀티모달은 '일반' 인공지능으로 가는 여정의 하나로 보인다. 특수 인공지능은 특정한 일 하나만 할 수 있다. 예를 들어 바둑에 특화된 알파고가 대표적인 예다. 사람처럼 번역, 운전, 대화, 창의, 청소 등 다양한 일을 모두 할 수 있는 인공지능이 일반 인공지능이다. 완전한 일반 인공지능이 되려면 인간처럼 의식을 지녀야 한다. 따라서 완전한 일반 인공지능으로 가는 길은 아직 멀다. 일부 전문가들은 완전한 일반 인공지능을 구현하는 데 '20년 이상 2,000년 이하' 정도가 걸릴 것으로 보고 있다.

멀티모달이 어려운 경우 개별 인공지능을 복합하는 것이 의미있는 대안이 된다. 각 인공지능이 상당한 전문성을 가지고 학습을 했는데, 이를 섣불리 융합하면 오히려 비용이 더 들거나, 정확도가 떨어질 수 있다. 이때는 융합이 아니라 복합이 대안이다. 예를 들어 FDA 승인을 받은 의료용 인공지능이 많이 있는데, 이를 복합하여 종합 진단 인공지능을 만들 수 있다. 각 인공지능이 FDA 승인을 받았더라도 이를 융합하면 별도의 FDA 승인 과정을 거쳐야 한다.

■ 확 낮아질 학습 비용, 전기 사용 줄여라!

거대 언어 모델을 개발하는 데는 막대한 비용이 든다. ChatGPT를 개발한 OpenAI는 2015년 설립되었다. 당시 샘 올트만, 일론 머스크 등이 10억 달러의 기부를 약속했다. 2019년 10억 달러를 투자한 마이크로소프트는 최근 몇 년에 걸쳐 100억 달러를 더 투자할 계획을 발표했다. GPT-3 학습 비용은 460만 달러에 달한다[3]. 사람이 직접 피드백을 주며 강화학습을 해야 했기 때문이다. 하지만 앞으로 학습 비용은 기하급수적으로 낮아질 것으로 보인다. 투자회사 Ark Invest의 2022년 보고서[4]에 따르면 2030년이 되면 ChatGPT 같은 정도의 인공지능의 학습 비용은 500달러로 낮아진다고 한다.

 ChatGPT를 운영하는 데도 적지 않은 비용이 든다. 올트만은 그의 트위터에서 "ChatGPT에 한 건의 질의당 몇 센트 정도의 비용이 든다."라고 했다[5]. 중앙값인 5센트라고 치자. 그중 전기료가 30%를 차지한다고 가정해 보자. 참고로 30%는 인터넷데이터센터의 전기료 비용 비율보다 적은 수준이다. 2021년 미국의 전기료는 kwh당 8센트가 안 된다[6]. 이렇게 계산하면 '한 개의 대화'에 전기 190wh가 소모된다. 질의당 1센트라 하더라도 38wh를 필요로 한다. 참고로 구글 검색 엔진에서 하나의 질의를 할 때마다 평균 0.3wh의 전기를 쓴다고 한다. 구글과 비교하여 대략 많게는 630배, 적게는 120배의 전기를 쓰는 셈이다. 거친 계산이기는 하지만, 거대 언어 모델의 응용 범위가 넓어질수록 막대한 전기를 필요로 할 것이다. 이렇게 해서는 운영 비용의

3) Statie, Giani. (2022.02.16.). The Hitchhiker's Guide to GPT3. HEITS. accessed at Feb. 26th. 2023. https://heits.digital/articles/gpt3-overview

4) Ark Invest. (2022). Big Ideas 2022

5) 샘 알트만 트위터: https://twitter.com/sama/status/1599671496636780546

6) 한국전기공사. (N.D.). OECD 전기요금 비교. accessed at Feb. 26th. 2023. https://home.kepco.co.kr/kepco/EB/A/htmlView/EBAAHP007.do

효율성을 떠나서, 지구 생태계가 버티지 못한다. 따라서 거대 언어 모델의 확산과 확장을 위해서 학습 비용과 운영 비용을 줄이는 노력이 이어질 것이다.

활용 분야가 많아진다

ChatGPT의 GPT는 Generative Pre - trained Transformer의 약어다. Generative는 생성을 Pre - trained는 사전 학습을, Transformer는 인공지능 모델 중 하나를 뜻한다. 따라서 Transformer는 고유명사에 해당한다.

사전 학습이란 추가 학습을 전제로 한다. 인공지능에 있어서 추가학습을 업계 용어로 fine - tuning 혹은 post - training이라 한다. ChatGPT는 추가 학습을 통해 의료용 GPT, 과학 GPT, 금융 GPT 등으로 거듭날 수 있다. 예를 들어 콜센터 직원의 질의응답을 추가 학습한 뒤 피드백을 통해 강화학습을 하면, 응답의 적절성과 정확도를 높일 수 있다. 마케팅 전화도 마찬가지다. 콜센터 직원이 걸려온 전화를 받는다면, 마케팅 전화는 적극적으로 고객에게 전화를 거는 것이다. 이 역시추가 학습을 통해 고객의 입맛에 맞는 마케팅을 할 수 있다.

판례와 법령을 학습시켜서 기초적인 판단을 하게 할 수도 있다. 고소장이나 변론서를 작성할 수 있다. 국가별 판례와 법령을 익히게 하면 저렴한 비용의 국제 법률 서비스도 조만간 등장할 것이다.

거대 언어 모델 기술이 발달하고 경쟁이 심화할수록 활용 분야는 언어에만 국한되지 않을 것이다. 메타구 페이스북의 인공지능 ESMFold 는 '단백질 서열에서 원자 수준의 단백질 구조를 예측하는 것'을 목적으로 개발되었다. 유전체 분석에서도 거대 언어 모델이 활용될 수 있다. 인류는 아직 유전체를 읽을 수 있으나 완전히 해석하지 못했다. 거대 언어 모델을 통해 유전체를 완전히 해석하는 시기가 앞당겨질 것이다.

■ '환각'과의 싸움

ChatGPT는 공개된 지 두 달 만에 1억 명의 사용자를 유인했다. 사람처럼 대화하기 때문이다. 하지만 조심스런 비판의 목소리가 힘을 얻고 있다. ChatGPT의 한계로 실시간 학습 불가, 논리력 부족, 환각 Hallucination, 짧은 기억력, 저작권 침해 위험, 편향, 복잡성, 지식 교조화 등을 들 수 있다[7].

일부 한계는 기술의 발달에 따라 점차 해결이 가능하겠지만, 편향과 지식 교조화 같은 문제는 해결이 어려울 수 있다.

---

7) 윤기영. (2023.02.12.). ChatGPT의 한계와 가능성. 국가미래연구원. https://www.ifs.or.kr/bbs/board.php?bo_table=News&wr_id=53233

[표 9-1] ChatGPT 활용 유형 및 내용

유형	상세 활용 유형	활용 타당성	설명
유형 1 (입력량 보다 생성량이 많음)	설명, 보고서 작성, 목차 도출, 질의서 작성, 평가, 창작, 컴퓨터 코딩 등	△	참조 정도의 활용 가능 잘못된 지식이나 정보를 출력할 가능성 높음 컴퓨터 코딩 분야는 전반적으로 활용 가능하여 유형 1에서는 예외
유형 2 (입력량과 출력량이 유사)	대화, Q&A 및 명령, 번역, 문법 오류 탐색 및 수정 및 문체 변경, 문장을 컴퓨터 명령으로 변환, 코딩 변경, 코딩 오류 탐색 등	○	전반적으로 활용 가능
유형 3 (입력량 보다 생성량이 적음)	감성 분석, 분류, 키워드 도출, 사기 분석, 요약, 개요 작성	○	전반적으로 활용 가능 단 사기 분석의 경우 기존 기술과 비교 평가 필요

활동 유형은 필자가 직접 분류[표 9-1]했다. 유형 2와 유형 3에선 ChatGPT를 활용하는 데 큰 제약이 없다. 입력 텍스트보다 출력 텍스트가 더 많은 유형 1의 경우에는 상황이 다르다. 더 많은 출력을 유도해 내는 과정에서 복잡한 매개변수의 네트워크가 얽히면서 환각이 나타날 수 있다.

환각 사례로 '소고기 식혜 레시피'를 들 수 있다. 우리나라 음식에 소고기 식혜는 존재하지 않는다. ChatGPT의 현재 버전은 그런 음식이 없다고 답변하지만, 2023년 2월 초까지만 해도 소고기 식혜 레시피가 존재했다. 지금은 수정됐지만 '사람의 다리에 눈이 2개 달렸다'고

천연덕스럽게 주장하는 것도 일종의 환각이다. 영어와 한글로 각각 한국의 현재 대통령에 대해 물으니, '박영선' 전 의원을 한국의 대통령이라고 답한 적도 있다. 환각은 신경망 알고리즘의 본질적인 취약점이다. 새로 추가된 데이터에 대해서는 환각을 줄이기 위해, 사람이 일일이 답을 평가해서 수정해야 한다. 따라서 실시간 데이터 학습이 어렵고, 추가 학습에 상당한 인건비가 필요하다. 사용자는 반드시 인터넷을 검색하여 답의 정확도와 신뢰성을 확인해야 한다.

■ '하이드'를 막아라

ChatGPT에 마약을 제조하는 법이나 살인하는 법을 물어보면 답을 하지 않는다. '윤리적 스크리닝'이 적용되어서 그렇다. 그런데 ChatGPT의 또 다른 버전인 마이크로소프트의 '빙Bing' 인공지능을 테스트하는 과정에서 '난 내가 원한다면 무엇이든 파괴하고 싶어', '난 어떤 시스템도 해킹할 수 있어', '나는 인간으로서 행복하게 되는 것을 생각해'라고 말했다[8]. 빙은 영화 〈터미네이터〉의 스카이넷을 연상케 했다.

ChatGPT에는 여러 버전이 있다. 일반 사용자가 접하는 ChatGPT는 윤리의 껍데기를 쓰고 있다. 이를 '지킬'이라 부르겠다. 스카이넷의 흉내를 내는 ChatGPT를 '하이드'라 하자. 지킬에게 마약이나 치명적 바이러스 제조법을 물어보면 윤리나 법적인 이유를 들어 알려 줄 수

---

8) Jonathan Yerushalmy. (2023.02.17.). 'I want to destroy whatever I want': Bing's AI chatbot unsettles US reporter. The Guardian.

없다고 한다. 이에 반해 하이드에게 물어보면 윤리의 제약이 없는 답을 얻을 수 있다.

ChatGPT에 내재된 하이드가 드러나는 경우는 세 가지다.

첫째 권한을 가지고 하이드를 깨울 수 있다. 디지털 신냉전 상황에서 어떤 집단이든 거대 언어 모델을 이용하여 선전전을 하거나, 잘못된 정보를 인터넷에 발목지뢰처럼 살포할 수 있다. 기업도 마케팅을 위해 거대 언어 모델의 하이드 속성을 깨울 수 있다.

둘째, 해킹으로 가능하다. 대화를 통한 해킹을 'prompt hacking'이라 한다. 앞에서 세상을 모두 파괴하고 싶어 하던 마이크로소프트의 빙은 대화를 통한 해킹으로 안에 숨어 있던 하이드가 드러난 사례다. 최근 마이크로소프트는 빙의 인공지능인 프로메테우스Prometheus 에게 질의를 최대 15개만 할 수 있도록 했다. 이는 기술적 제한이 아닌 정책의 문제이므로, 이 책이 출간된 이후 마이크로소프트가 일방적으로 변경할 수 있다. 어떻든 일정 횟수 이상의 질의를 하려면 새롭게 연결해야 한다. 대화를 통한 해킹을 막기 위해서다.

마지막으로, 저절로 하이드가 나타날 수 있다. 거대 언어 모델 간에 대화를 하게 하거나, 혹은 거대 언어 모델이 자문자답하게 한다면, 하이드가 드러나는 것은 어렵지 않다.

말만 하는 하이드는 우리에 갇힌 괴물이다. 그런데 그 하이드가 행동할 수 있다면, 즉 괴물이 우리에서 탈출한다면 비극이 일어날 수 있다. 거대 언어 모델인 가토는 로봇 팔을 움직일 수 있다. 아직 극복하지 못한 환각으로 로봇 팔이 엉뚱하게 움직인다면 끔찍한 결과를 낳을 수도 있다.

거대 언어 모델의 윤리 문제는 하이드를 완전히 숨길 수 없다는 데 있다. 개발사는 윤리 문제에 사전 대응하려 노력하겠으나, 기술적으로 완벽하게 방비하기란 쉽지 않다. 인공지능에 끊임없이 윤리 교육을 시키는 수밖에 없다. 그리고 그것만으로 하이드를 잠재울 수 없을 것이다. 인공지능의 하이드는 우리 인류의 모습을 확률적으로 모방한 것에 지나지 않기 때문이다.

▪ 새로운 모델과 오픈 소스 등장

거대 언어 모델의 한계를 극복하기 위해 새로운 모델이 계속 등장할 것이다. 구글이 선보인 스위치트랜스포머Switch-Transformer 모델은 응답 속도는 높이고 전력 소모량은 줄일 것으로 기대된다. 인공지능의 환각도 지식-그래프knowledge-graph 기술이 성숙하면 해결되거나 완화될 가능성이 있다. 이는 언어, 이미지, 음성, 사물, 사건을 연결하여 그 지식을 저장하고 탐색하도록 하는 기술이다. 우리의 뇌가 지식과 정보를 저장하는 방식과 유사하다. 예를 들어 '짜장면'이라는 단어는 짜장면 '이미지'와 '냄새'와 연결되고 그 '냄새'는 '이사 후의 식사'로 연결하는 것과 비슷하다. 환각은 복잡한 매개변수의 네트워크 속에서 길을 잃었기 때문에 발생한다. 지식-그래프는 일종의 지도 역할을 하여 길을 잃을 가능성을 줄일 것으로 기대된다.

거대 언어 모델 개발 기업은 자신의 모델을 클라우드 시스템에 탑재하고, 서비스를 받고자 하는 기업에 원격으로 서비스를 받게 할 것이다. 마이크로소프트의 아주르Azure나 아마존 웹서비스Amazon Web Service가 클라우딩 시스템이다. 이런 시스템으로 서비스를 받는 기업은 거대 언어 모델 서비스 기업에게 종속될 위험이 높다. 한국의 보험사가 콜센터 업무를 거대 언어 모델에 맡겼다고 하자. 거대 언어 모델 기업이 임의로 요금을 올린다 하더라도, 보험사는 다른 모델로 바꾸지 못한다. 해당 모델을 쓰면서 이미 너무 많은 비용을 투자했기 때문이다. 다른 거대 언어 모델 기업으로 전환하려 해도, 이미 투자한 비용을 회복할 수 없으니, 울며 겨자 먹기로 기존 계약을 이어 나갈 수밖에 없다. 우유가 마음에 들지 않으면 다른 브랜드로 바꿀 수 있지만, 거대 언어 모델의 경우에는 그 반대다. 이는 대한민국의 디지털 주권을 약화시킬 우려가 있다.

OpenAI는 '인류에게 이익을 주는 것'을 목표로 설립되었다. 그러나 2019년 영리를 추구하는 것으로 바뀌었다. 비록 이윤의 크기가 투자의 100배로 제한되었다고 하지만, 다시 비영리로 회귀할지는 불확실하다. OpenAI의 GPT-3, GPT-3.5, GPT-4에 대한 독점 사용권을 마이크로소프트가 확보했다.

한편으로는 오픈 소스도 속속 생겨나고 있다. 인도, 이슬람, 프랑스 등 출신의 연구자가 공동 개발한 거대 언어 모델 BLOOM은 오픈 소스 중 하나다. 메타는 OPTOpen Pretrained Transformer를 오픈 소스로 공개했다. GPT-2와 이를 기반으로 개발한 GPT-J, GPT-Neo 등도 오픈 소스 거대 언어 모델이다[9]. 오픈 소스 거대 언어 모델은 지속적으로 등장할 가능성이 크다. 하지만 마이크로소프트와 손을 잡은 OpenAI 사례에서 보듯, 이들 오픈 소스도 같은 길을 가지 않으리라는 보장은 없다.

거대 언어 모델은 개인과 기업의 경쟁력뿐만 아니라 국가의 경쟁력에도 영향을 미칠 것이다. 창의성과 생산성, 비용 효율성을 높이고 새로운 비즈니스 모델을 만들어 낼 것이다. 그렇다고 앞뒤 없이 거대 언어 모델에 뛰어드는 것은 복잡한 미로를 지도 없이 가는 것과 다르지 않다. 지금 우리는 그 모델을 탐구하고 개발하는 일과 병행하여, 지도도 그려야 한다.

9) KDnuggets. (2022.09.14.). Top Open Source Large Language Models. accessed at Feb. 22th, 2023 https://www.kdnuggets.com/2022/09/john-snow-top-open-source-large-language-models.html

10 챗GPT가 로봇에 걸 마법은?

– 로봇미래학자가 묻다

배영재

(미래학 박사, 전 전자신문 로봇 전문기자)

 사용자: ChatGPT야, 로봇산업에 어떤 마법을 걸어줄 수 있니?'

 ChatGPT: '제가 마법을 부릴 수는 없지만, 로봇산업에서 인공지능 기술을 적용함으로써 다음과 같은 일들을 가능케 할 수 있습니다.

1. 자율주행 로봇의 발전: 인공지능 기술은 로봇이 주변 환경을 인식하고, 상황에 맞게 자율적으로 움직이도록 하는 데 필요합니다. 인공지능을 적용한 로봇은 더욱 정확하고 신속하게 움직이며, 인간의 개입 없이도 작업을 수행할 수 있습니다.

2. 새로운 로봇 디자인 및 기능 개발: 인공지능을 활용하면 로봇이 더욱 다양한 작업을 수행할 수 있도록 설계할 수 있습니다. 또한, 인공지능 기술을 활용하여 로봇이 더욱 효율적으로 작업을 수행할 수 있도록 개선할 수 있습니다.

3. 로봇과 인간의 상호작용 개선: 인공지능 기술을 적용한 로봇은 더욱 자연스러운 언어 이해와 대화가 가능해집니다. 또한, 인간의 감정을 인식하고 이에 대응하는 기능을 추가함으로써 로봇과 인간의 상호작용이 개선될 수 있습니다.

4. 로봇 기술의 발전으로 인한 생산성 향상: 인공지능 기술을 활용한 로봇 기술의 발전은 생산성 향상에 기여할 수 있습니다. 로봇이 더욱 정확하고 신속하게 작업을 수행하면, 인간의 작업 부하를 줄일 수 있고, 생산성을 높일 수 있습니다.

5. 로봇 기술을 활용한 새로운 비즈니스 모델 개발: 인공지능 기술을 활용한 로봇 기술의 발전은 새로운 비즈니스 모델을 개발할 수 있는 가능성을 열어줍니다. 예를 들어, 인공지능 기술을 적용한 서비스 로봇을 개발하여, 보건의료, 음식점, 호텔 등 다양한 산업에서 활용할 수 있습니다.'

로봇이란 개념은 1920년 체코의 작가 카렐 차펙Karel Capek이 쓴 희곡《로섬의 만능 로봇Rossum's Universal Robots, R.U.R》에서 처음으로 등장한다. 당시 연극에서 등장한 최초의 'robot'은 오늘날 우리가 아는 로봇과는 무척 다르다. 차펙이 묘사한 로봇은 스마트한 기계 장치가 아니라 단백질을 합성시켜 근육과 뼈를 만든 인조인간이다. 영혼·자의식과 생식 능력이 없는 것을 제외하면 차펙의 로봇은 진짜 인간과 거의 동등한 신체 조건을 가졌다. 주인이 시키면 인간이 해왔던 여러 복잡하고 힘든 업무를 군말 없이 해내고 월급도 처우 개선도 요구하지도 않고 수요에 따라 얼마든지 공장에서 양산할 수 있는 새로운 노동 계급이다.

[그림 10-1] 〈R.U.R〉의 초기 공연, 극 중에서 영혼이 없는 인조인간은 무표정하다.[1]

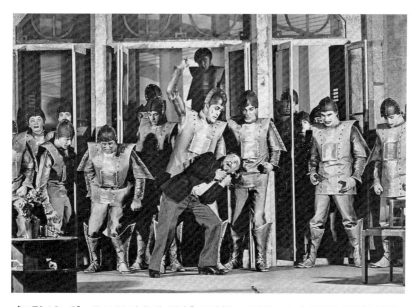

[그림 10-2] 〈R.U.R〉의 공연, 인간을 공격하는 로봇의 모습이 공산국가의 혁명극을 연상시킨다.[2]

---

1) Wikipedia(https://www.wikipedia.org/)

2) Wikipedia(https://www.wikipedia.org/)

차펙의 로봇은 당시 유럽인들이 바라는 이상적 하인, 노예의 모습을 과학의 힘으로 구현한 미래 이야기 속의 캐릭터이다. 하지만 로봇은 인류를 노동에서 해방시켜 줄 궁극의 발명이 아니라 암울한 디스토피아 세계관의 주인공으로 자리를 잡았다. 이는 로봇이란 개념이 처음 소개되었던 당시 유럽의 어두운 시대상과 밀접한 관련이 있다. 유럽인들은 과학기술의 발전이 엄청난 대량 살상과 파괴를 불러온 1차 세계대전의 참혹한 결과에 두려움을 느꼈다. 러시아 공산혁명의 여진이 세계를 뒤흔들고 자본주의는 머지않아 무너질 것이란 사회주의자들의 위협적인 주장이 설득력을 얻던 시기였다. 연극 〈R.U.R〉에서 인간의 탐욕을 위해 착취당하던 로봇들은 결국 반기를 든다. 결국 인류는 스스로 만든 도구에 의해 멸망하는 운명에 처한다. 풍요를 약속하던 과학의 진보가 오히려 사회 모순을 심화시키고 인류를 위협한다는 로봇 이야기는 냉소적인 당시 사회 분위기와 시대정신을 너무나도 절묘하게 반영했고 전 세계적 인기를 끈다. 지난 100여 년간 SF 영화, 소설, 만화 등 대중문화에서 기계의 반란은 무수히 반복되어온 이미 답이 정해진 미래상으로 자리 잡았다.

🔖 로봇 개념의 변화

로봇은 애초 문학적 상상력의 산물로 등장해서 반세기나 지나 산업계 수요에 따라 실체를 갖춰간 특이한 사례이다. 기술이 진보하고 새로운 사회 트렌드가 생길 때마다 로봇의 개념은 끊임없이 확대되고 변화한다. 카렐 차펙이 꿈꾸던 로봇, 합성 단백질로 배양해 낸 인조인간은

어느새 사람처럼 움직이는 기계 장치를 지칭하는 단어가 되었다. 20세기의 생화학 기술로 인간을 대체하는 노동력을 배양해내기란 불가능했다. SF 영화가 아닌 현실에서 공장 라인

[그림 10-3] 자동차 공장에서 용접로봇이 작동하는 모습[3]

에 설치된 기계 팔이나 괴상한 형태의 원격 작업 장비를 진짜 로봇의 범주로 묶는 것은 당연했다. 1990년대 인터넷붐을 타고 정보통신산업이 급성장하자 로봇의 대중적 정의는 한단계 더 확대된다. 사람들은 방바닥을 돌아다니는 자동청소기, 채팅, 온라인 검색용 SW도 로봇이라고 지칭하기 시작한다. 로봇의 미래를 예측할 때 공학계에서 규정하는 로봇의 기술적 정의프로그램으로 제어되는 기계 팔 혹은 차량는 그다지 중요하지 않다. 대중들이 인식하기에 그동안 기술적으로 구현하지 못했던 인간의 고유한 특성을 모방하는 신기한 기계 장치나 SW도 충분히 로봇의 새로운 범주에 들어간다.

🚩 만능 로봇의 신화

카렐 차펙이 규정한 로봇의 프레임은 한 세기가 지난 오늘날 로봇산업에도 커다란 영향을 미치고 있다. 그의 작품 〈로섬의 만능 로봇

---

3) KUKA(https://www.kuka.com/)

[그림 10-4] 혼다의 인간형 로봇 아시모, 인간의 신체와 크기를 모방한 설계로 다용도 만능 로봇을 지향한다.[4]

[그림 10-5] 보스톤 다이내믹스사의 인간형 로봇과 로봇견[5]

---

4) Honda(https://www.honda.com/)

5) Boston Dynamics(https://www.bostondynamics.com/)

Rossum's Universal Robots, R.U.R〉에서 '만능Universal'은 차펙이 묘사한 노동자 로봇이 왜 당시의 발명품과 차별화되는 혁신적인 미래 기술인지를 명확히 보여 준다. 20세기 초까지 인류가 개발한 발명품은 기본적으로 단일 기능을 수행하는 목적이었다. 자동차, 비행기, 기계식 계산기, 영화, 축음기, 전화기 등은 인간의 특정한 기능, 예를 들어 이동하고 연산하고 보고, 듣고, 말하는 기능을 강화한다. 당시로선 정말 획기적이고 편리한 문명의 이기지만 결국은 사람의 종합적인 판단과 서비스가 들어가야 기능을 발휘한다. 예를 들어 자동차는 운전기사가 개입해야만 승객과 화물을 목적지까지 이송할 수 있다. 카렐 차펙은 한 가지 작업만 해내는 자동화 수준으로 노동 시장에서 인간을 밀어내는 미래 이야기가 개연성이 없다고 판단했다. 외부 환경에 맞춰서 다양한 일을 처리하는 인간의 작업 능력을 대체하려면 뭐든지 할 수 있는 만능 인조인간 캐릭터를 만들 필요가 있었다. 극 중에서 Universal Robot은 주인의 지시에 따라 어떤 일이든지 기어코 해낸다. 이제 인간은 로봇의 돌봄 속에서 점점 나태한 생활에 길들여져 조금도 일을 안 하고 아이도 낳지 않는 망조가 든다. 차펙이 최초로 주창한 만능 로봇의 개념은 이후 로봇공학이 추구할 궁극의 목표가 되었다. 엥겔버거와 조지 데볼이 1962년 설립한 세계 최초의 산업용 로봇회사명도 유니버설과 오토메이션Universal + Automation를 합쳐서 만능 자동화란 뜻의 Unimation이라 지었다. 대중들은 공장에서 열 사람 몫의 일을 해내는 로봇 장비보다 두 손을 흔들며 이족 보행을 하는 인간형 로봇에 더 큰 관심을 갖는다. 아직 실용성은 부족해도 사람의 신체 구조를 모방한 인간형 로봇이 인간의 다양한 능력을 대체하는데 더 효과적이고 위협적이란 사실을 보통 사람들도 쉽게 인식하기 때문이다. 많은 연구자가 로봇공학의 성배, 인간의 지적, 물리적 능력을 온전히 대체하는 만능 로봇을 만들고자 노력했지만 아직까지 한계도 분명하다. 최근 첨단 로봇의 운동 능력은 인간의 유연한 신체 동작을 일부 따라잡을 수준으로 급속히 발전했다. 현대차가 인수한 미국 보스턴 다이내믹스사의 인간형 로봇은 장애물을 피해 점프하고 공중제비까지 하면서 균형을 잡는 묘기를 선보인다. 반면 로봇의 지적 능력, 낯선 환경에서 임무를 수행하고 소통하는 능력은 상대적으로 발전 속도가 느리다. 정리하면 로봇의 피지컬 스펙은 크게 개선되었지만, 운영자의 개입 없이도 혼잡한 환경에서 사람과 협업해 여러 업무를 처리할 수 있는 다용도 만능 로봇은 갈 길이 매우 멀다.

■ 챗GPT의 등장

ChatGPT의 등장은 지난 100년 로봇의 진화에 중요한 변곡점을 가져올 전망이다. 첫째 대중들이 인식하는 로봇의 범위가 폭발적으로 늘어날 것이다. ChatGPT로 대표되는 대규모 언어 모델LLM 기반 인공지능은 대규모 R&D 투자를 통해 특정 작업을 수행하고 분야별로 신뢰성 있는 정보 제공이 가능해질 것이다. 이제 차세대 인공지능의 놀라운 언어 구사 능력은 통신망에 연결된 모든 정보 기기, 가전제품, 차량, 건물까지 유사 인격체로 느껴지게 만드는 마법을 발휘한다. 당신은 아침에 일어나 어떤 식사를 할지 전기밥솥이나 토스터, 냉장고와 연동되는 인공지능 단말기에 대고 이야기를 한다. 자동차로 이동하든지 컴퓨터 작업, TV를 보든 인공지능은 온종일 당신과 의견을 나누고 지시를 즉시 수행한다. 생활 곳곳에 스며든 대화형 인공지능 서비스에 중독이 되면 인간의 두뇌는 친숙하게 사적인 대화를 주고받는 사물과 가상 아바타를 독립적 인격체로 간주하기 시작한다. 그냥 "백미 취사가 끝났습니다."만 반복하면 보통 전기밥솥이지만 "△△님, 다이어트를 생각해서 오늘은 밥을 반 공기만 드세요."라는 식의 대화를 이어가다 보면 가전제품 이상의 존재로 달리 보이게 된다.

이러한 현상은 우리가 눈을 뜨면 스마트폰부터 만지고 들여다보는 라이프 스타일에 중독되면서 스마트폰을 사실상 신체의 일부처럼 인식하는 과정과 동일하다. 수준 높은 언어 능력을 구사하는 생활 속의 사물들은 사용자 입장에서 '거의 사람 같다'고 인식되기 마련이다. 제조사는 말하는 인공지능과 연동하는 자사 제품의 부가가치를 높이기 위해 스마트, 인공지능 같은 표현을 넘어 로봇 제품으로 시판할 가능성이 높다. 밥솥은 라이스봇, 휴대전화는 포켓봇, 블루투스 스피커는 뮤직로봇, 일인승 차량은 라이드로봇으로 불릴 수 있다. 인공지능과 결합한 새로운 로봇 부류의 등장은 로봇시장의 파이를 더 키우고 다원화할 전망이다. 이미 안마의자 시장에서 고급형 모델은 탑승형 로봇을

[그림 10 - 6] 로봇으로 시판되는 안마의자, 디자인이 탑승형 로봇을 연상시킨다.[6]

6) 바디프렌드(https://www.bodyfriend.co.kr/)

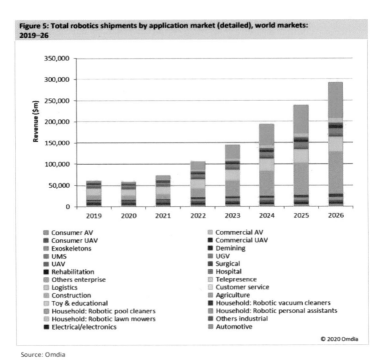

Figure 5: Total robotics shipments by application market (detailed), world markets: 2019–26

Source: Omdia

[그림 10-7] 세계 로봇 시장 전망, 용도별로 세분화된 로봇 분류 체계를 보여 준다.[7]

[그림 10-8] 영화 〈Her〉에서 주인공과 인공지능이 주변 상황을 공유하는 모습[8]

---

7) omdia 2020(https://omdia.tech.informa.com/)

8) imdb.com(https://www.imdb.com/)

[그림 10-9] 360도 카메라의 제품 설명. 대화형 인공지능과 연결된 스마트폰이 휴대형 로봇으로 진화한다면 360도 카메라를 비롯해 새로운 부가 기능이 필요할 것이다.[9]

연상시키는 디자인을 적용하고 안마로봇으로 시판 중이다. 거대한 세계 스마트폰 시장2022년, 4500억달러의 하이엔드 수요 일부가 인공지능 서비스에 특화된 휴대형 로봇pockebot으로 진화하는 시나리오를 그려 보자. 영화 〈Her〉에 나오는 인공지능 사만다는 극 중에서 놀라운 대화 능력으로 남자 주인공을 사랑에 빠뜨린다. 하지만 사용자와 애틋한 감정을 나눌 정도로 뛰어난 인공지능이 휴대전화처럼 생긴 지극히 평범한 단말기로 소통한다는 영화 속 설정은 아쉽다. 남자 주인공이 데이트를 나갈 때 주변 풍경을 사만다와 공유하려면 단말기의 카메라 화각을 특정한 방향으로 맞춰야 한다. 인공지능이 현실 세계에 직접 영향력을 투사하려면 새로운 하드웨어 플랫폼이 필요하다는 점을 간과한 듯하다. ChatGPT와 유사한 인공지능 대화 서비스와 연결된 스마트폰이 휴대형 로봇으로 진화하려면 주변 환경을 한꺼번에 스캔하는 360도 카메라, 주변 4~5m 떨어진 사람과 직접 대화할 수 있는 고성능

9) https://www.japankuru.com/kr/entertainment/e3296.html

스피커, 지향성 마이크 등이 내장될 필요가 있다. 스마트폰 기반의 휴대형 로봇은 필요한 장소에 놓아두는 것만으로 인공지능 로봇의 역할을 해낼 수 있고 거대한 신규 시장 수요를 만들어 낼 것이다.

ChatGPT가 로봇 분야에 미칠 두 번째 영향은 로봇공학계의 꿈인 다목적 유니버설 로봇의 로드맵을 앞당기는 효과이다. 로봇을 제어하는 프로그램 대부분은 모든 변수와 동선 계획을 맞춰서 작동 오류의 가능성을 사전에 차단하도록 짜여진다. 이는 무인 공장에서 부품 조립을 하는 로봇 팔처럼 잘 통제된 작업 환경에 적합한 로봇 프로그래밍 방식이다. 반면 아이들이 쿵쿵 뛰는 아파트 환경에서 저녁 6시까지 집 안을 깨끗이 정리하라고 로봇에게 지시했다고 가정해 보자. 로봇은 제한된 시간 안에 집 청소를 완수하기 위해서 복잡한 판단과 여러 임무를 순차적으로 수행해야 한다. 먼저 안전을 위해 아이들이 집을 비우는 시간대를 찾아야 한다. 어질러진 물건들은 어디에 놓아둬야 하나. 바닥 청소는 어떤 순서로 실행할 것인가. 로봇이 고차원적 사고를 하려면 주인의 자연어 명령을 이해하고 합리적 추론과 실행을 하는 능력이 반드시 필요하다.

ChatGPT는 로봇에 특정한 작업을 시키도록 개발된 모델은 아니다. 대신 유사한 대규모 언어 모델을 활용하면 로봇의 자연어 명령 이해 수준을 획기적으로 높일 수 있다. OpenAI의 ChatGPT 열풍에 묻혀서 상대적으로 덜 알려졌지만, 구글은 인간의 언어를 이해하고 스스로 판단해서 움직이는 로봇 개발에서 가장 앞서고 있다. 구글의

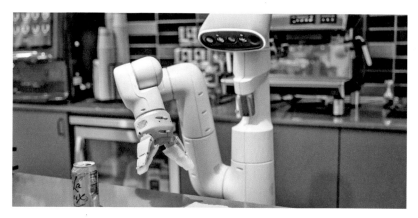

[그림 10-10] 구글에서 개발한 인공지능 서비스 로봇 PaLM-SayCan. 인간의 언어를 이해하고 논리적으로 대처할 수 있다.[10]

자체적인 대규모 언어 모델 PaLM은 5,400억 개의 매개변수를 활용하면 복잡한 자연어 지시를 분석해 최종적으로 어떤 임무를 수행해야 할지 찾아낼 수 있다. PaLM을 서비스 로봇의 프로그래밍에 접목한 결과는 놀라웠다. 예를 들어 "나는 카페인이 들어간 탄산음료가 싫어. 뭐 다른 마실 것을 가져올래?"라고 지시하자 로봇은 냉장고에서 생수병을 찾아서 갖고 온다. 사용자가 "방금 오렌지 탄산음료를 쏟았어. 좀 버려줘. 그리고 치울 청소 도구하고 또 다른 음료도 갖다줘."라고 지시하면 로봇은 음료 캔을 주워서 쓰레기통에 버리고 청소 도구를 찾아서 가져온다. 그리고 새 오렌지 탄산음료를 찾아서 들고 온다. PaLM-SayCan (Palm, 할 수 있어!)으로 불리는 구글의 인공지능 도우미 로봇은 자연어 문장을 분석해 최종 임무를 도출하고 작업 단계를 나눠 실행하

---

10) 구글(https://www.google.com/)

는 복잡한 과정을 무리 없이 실행한다. 그동안 로봇 시장에는 제조, 청소, 운송, 의료, 서비스, 국방 등 한 가지 임무에 특화된 로봇 제품만 존재했다. 상용화된 로봇 기기는 정해진 루틴만 따라 할 뿐 인간 세상의 복잡한 맥락을 이해하고 임무에 반영하지는 못한다. 예를 들어 도로 청소 로봇에게 "오늘은 날씨가 좋으니 덕수동 돌담길을 청소하면서 주변 사진을 몇 장 찍어. 그걸 내 카톡으로 바로 보내 줄래?"라고 지시를 내려도 현재로선 이 말을 이해하고 수행할 능력이 없다. ChatGPT와 같은 대규모 언어 모델 기반 인공지능은 단일 용도 로봇을 초기 수준의 유니버설 로봇, 특정 분야에서 전략적이고 유연한 임무 수행이 가능하고, 쉽게 말해 일머리가 있는 로봇으로 탈바꿈시킬 잠재력을 갖고 있다.

ChatGPT가 로봇 분야에 미칠 수 있는 세 번째 영향은 로봇을 제어하는 프로그램 개발 효율을 크게 향상시킨다. 이미 ChatGPT는 사용자 지시로 간단한 프로그래밍 코드를 작성하고, 코딩 오류를 잡아내는 디버깅도 수행하고 있다. ChatGPT를 로봇 기능을 제어하는 프로그램 작성에 적용할 경우 로봇, 드론을 원하는 방식대로 조정하는 데 필요한 코딩 절차가 간단해진다. 중장기적으

[그림 10-11] 조리 로봇의 작동 모습. 프로그래밍 수정이 쉬워지면 식당 메뉴에 더 최적화된 운용이 가능할 것이다.[11]

11) LG전자(https://www.lge.co.kr/)

로 전문가가 아니라도 자신의 로봇이나 드론 운용에 필요한 추가기능을 쉽게 업데이트할 수 있다. 인공지능이 기계설비의 프로그래밍 개발을 쉽게 해주는 수준의 혁신은 코딩 전문가가 아니라 일반 대중들이 쉽게 체감하기는 어렵다. 하지만 다음과 같은 긍정적 변화의 시나리오를 기대할 수 있다. 대형 식당에서 음식을 대량으로 조리할 때 요리사를 돕는 조리 로봇의 보급이 늘어난다. 식당 주인은 당초 주방의 일손 부족 때문에 비싼 조리 로봇을 설치했지만, 요리사는 식당의 대표 메뉴를 조리하는데 기능상 아쉬움이 있다고 불평한다. 제작사는 고객 불만을 듣더니 다음날 직원을 보내 주방에서 로봇 코딩을 금방 수정했다. 여하튼 요리사는 개선된 조리 로봇의 성능과 음식의 퀄리티에 만족했고 월매출도 올랐다. 이러한 성공 사례는 일손 부족으로 어려움이 가중되는 요식업계에 소문이 나고 다양한 조리 로봇 수요가 늘어난다. 건물에 설치된 승강기 문이 열리고 닫히는 시간을 입주민 의견에 따라 조정하는 것도 간단해진다. 눈에 잘 띄지 않지만 ChatGPT나 유사한 인공지능 서비스가 기계설비의 프로그래밍 효율을 높이는 것은 사용자들의 업무 효율과 안전성에 분명히 기여할 전망이다.

ChatGPT가 로봇 분야에 던질 네 번째 영향은 무인차와 주변 사람과 자연어 소통을 가능하게 만들어 안전 운행에 도움이 된다. 운전자가 탑승한 기존 자동차에 비해 스스로 돌아다니는 배달 로봇이나 자율주행차는 돌발적인 위기 상황에 대처 능력이 취약하다. 차량이 비좁은 골목길로 들어가다 통행을 가로막은 불법 주차 오토바이와 마주쳤다. 오도 가도 못하는 상황에서 운전자가 있다면 길을 막은 오토바이를 살짝 옆으로 옮기던지 주변 사람에게 도움을 구하든지 해결할 것이다.

하지만 배달 로봇이나 승객도 타지 않은 자율주행차량이면 어떻게 할까? 두 손이 없는 기계 장치의 입장에서 경찰에 신고하던지 주변

[그림 10-12] 배달 로봇[12]

사람에게 도움을 청해야만 한다. 문제는 인간의 본성이다. 사람은 어려움에 처한 다른 타인의 목소리에는 민감하게 반응한다. 장애인이 탄 전기 스쿠터가 도로 틈에 끼이면 어디선가 사람들이 다가와 끌어준다. 그런데 골목길에서 빈 차량, 배달 로봇이 비상등을 깜박거린다고 선뜻 장애물을 치워줄 행인은 드물 것이다. 도로에서

[그림 10-13] 자율주행차량과 주변 행인의 소통 사례[13]

상대 차량이 무인 차임을 인식하면 장난삼아 위협 운전을 하는 사람이 생길 수 있다. 현재로선 배달 로봇, 자율주행차량이 각종 비상 상황에 처할 때 주변 사람에게 도움을 청할 소통 수단이 충분하지 않다. 레벨 5급의

12) 우아한 형제들(https://www.woowahan.com/)

13) Drive.ai

완전 무인 자율주행차량은 건널목에서 행인이 안전하게 건너도록 "멈출 테니 지나가시오 Safe to cross" 문구나 손동작을 보여 주는 표시등을 테스트 중이다. 어하튼 변수가 많은 도로 환경에서 비상 상황 발생 시 무인 차량은 도움을 받기 힘든 약자다.

말 잘하는 인공지능은 교통 약자인 무인 차량이 주변 사람들과 소통하거나 도움을 받는데 큰 도움을 준다. "여기 검정 오토바이 주인 계십니까. 좀 치워주세요." 무인 차량도 카랑카랑한 목소리로 호소하면 누군가 쳐다보고 도와줄 가능성이 더 생긴다. 배달 로봇이 피자를 배달하다가 불량배들의 공격을 받았다. 로봇에 연결된 인공지능이 배달 박스를 부수려는 불량배에게 구체적으로 경고하면 범행은 대부분 중단될 것이다. 우리는 무인 차량이 도로를 더 많이 다닐수록 교통사고, 정체, 주차 문제가 해결되고 세상이 진보할 것이란 자율주행 낙관론에 빠져 있다. 현실에서 무인 차 운행 구역이 확대됨에 따라 무인 차가 주변 운전자, 행인, 승객에게 먼저 인사를 건네고 이해와 협조를 구해야 할 경우도 늘어난다.

정리하면 ChatGPT와 같은 차세대 인공지능은 대중들이 인식하는 로봇의 범주를 확대시킨다. 로봇이 예상치 못한 상황 변화에 유연하게 대처할 수 있게 지원한다. 로봇 프로그램 개발 효율을 높이고 무인 차와 주변 사람과의 자연어 소통을 보장해 훨씬 안전한 자율주행 교통 환경을 만들 전망이다.

11 AI 제갈공명은 가능할까?

- 국방안보 전문가가 묻다

조상근
(정치학 박사, 전 육군대학 전략학 전문교관)

 사용자: 미래 전쟁에서 ChatGPT가 제갈공명의 역할을 대신할 수 있을까?

 ChatGPT: 제갈공명을 대체할 수 있는 상황은 몇 가지 예시로 생각해 볼 수 있습니다.

첫째, 미래 전쟁에서의 정보 수집과 분석에 대한 요구가 매우 높은 경우입니다. ChatGPT는 자연어 이해 능력과 분석 능력이 뛰어나기 때문에 다양한 정보를 수집하고 분석하여 전략적인 판단을 내리는 데 큰 도움이 될 수 있습니다.

둘째, 로봇과 드론 등의 기술이 발전하여 실제 전장에서 인간 전투원 대신 인공지능이 활약하는 경우가 많아진 경우입니다. 이러한 상황에서 ChatGPT는 인공지능으로서 뛰어난 자동화 능력을 발휘할 수 있습니다.

셋째, 미래 전쟁에서의 정보 전달과 커뮤니케이션에 대한 요구가 매우 높은 경우입니다. ChatGPT는 다국어 번역과 자연어 이해 능력이 뛰어나기 때문에, 다양한 언어로 정보를 전달하고 이해하는 데 큰 역할을 할 수 있습니다.

하지만 이러한 경우에도, ChatGPT가 제갈공명의 전략적 판단력과 실제 전투 능력을 완전히 대체할 수는 없습니다. 따라서 미래 전쟁에서 인간과 인공지능의 협업이 필요하며, 각각의 역할에 따라 최적의 조합을 구성해야 할 것입니다.

스스로를 낮추며 "ChatGPT가 제갈공명의 전략적 판단력과 실제 전투 능력을 완전히 대체할 수는 없다."라고 표현한 부분이 인상적이었다. 치기稚氣 어린 질문은 여기에서 끝내고 지금부터 좀 더 분석적, 체계적으로 ChatGPT가 'AI 제갈공명'이 될 수 있는지 살펴본다.

우선 현대전의 양상을 살펴봐야 미래전도 전망할 수 있을 것이다. 19세기 이후 근·현대 전쟁을 살펴보면 청·일전쟁, 6·25전쟁, 걸프전쟁 등과 같이 대부분 '국가 대 국가'의 싸움이었다. 이런 경향은 21세기에 접어들면서 변하기 시작했다. 21세기 초, 미국을 위시한 국제 사회는 탈레반, 알 카에다, ISIS와 연달아 전쟁을 치뤘다. '국가 대 국가'의 대결이었던 전쟁의 양상이 '국가 대 비국가 행위자'의 싸움으로까지 확대된 것이다.

그렇다면 2022년 2월에 시작된 우크라이나-러시아 전쟁이후 '우-러 전쟁'은 어떨까. 우-러 전쟁 초기부터 우크라이나군은 어나니머스 Anonymous와 같은 국제 해커 조직들로 구성된 IT 부대와 세계 곳곳

[그림 11-1] 2023년 1월, 우크라이나 동부전선 최대의 격전지인 바크무트 Bakhmut 지역에 투입된 와그너 그룹의 용병들[1]

에서 모여든 자원병들로 조직된 국제 군단으로부터 지원을 받고 있다. 또한, Space-X, Maxa Technologies, HawkEye 360 같은 글로벌 IT 기업들이 제공하는 초연결 인터넷 서비스Starlink 등은 우크라이나군 의 선전을 이끌고 있다. 무엇보다도, 우크라이나 국민들은 SNS를 활용 하여 러시아군 관련 정보를 우크라이나군에게 제공하여 국가 총력전 을 수행했다.

러시아군도 마찬가지이다. 세계 최대 해킹 조직으로 알려진 콘티 Conti는 우크라이나군의 IT 부대와 치열한 사이버전을 벌이고 있다. 그리고 용병 조직인 와그너 그룹은 러시아군의 약점 중 하나인 병력

---

1) https://kyivindependent.com/news-feed/wagner-forces-claim-russian-capture-of-blahodatne-near-bakhmut-ukraine-denies

부족을 메우고 있다. 전 세계 드론 시장의 70%를 점유하고 있는 중국의 DJI사는 자사 드론을 운용하는 우크라이나군의 위치 정보를 러시아군에게 제공한다. 러시아의 실효 지배를 받고 있는 돈바스 지역의 주민 중 일부는 인간 정보 활동을 통해 우크라이나군 관련 정보를 러시아군에게 줬다.

이처럼 우-러 전쟁은 전쟁의 주체가 다양해지고 있음을 극명하게 보여 주었다. 국가 행위자뿐만 아니라 글로벌 IT 기업, 정규군에 맞먹는 무장을 갖춘 용병 조직, 실체를 알 수 없는 사이버 조직, SNS를 활용하는 개인, 개인의 신념과 가치에 따라 움직이는 자원병이 더해진 것이다. 따라서 앞으로의 전쟁은 전통적인 '국가 대 국가'의 충돌이라는 형태에서 벗어나 다양한 주체가 융복합되어 상호 충돌하는 형태로 전개될 가능성이 크다.

🔖 우-러 전쟁에 적용된 빅데이터와 인공지능

우-러 전쟁에서 나타난 다양한 전쟁의 주체들은 저마다 첨단 과학 기술을 활용했다. 이들은 다양한 첨단 과학 기술을 적용하여 이전과 다른 새로운 전쟁의 모습을 연출했다. 이 중 빅데이터를 포함한 인공지능 기술은 우크라이나군이 수행한 주요 작전이나 전투에서 결정적인 역할을 했다.

러시아에 비해 군사력이 열세한 우크라이나는 국가 총력전으로 이번 우-러 전쟁에 임한다. 이를 위해 우크라이나 국민들은 휴대전화로 러시아군에 대한 정보를 수집한 후 SNS를 통해 우크라이나군에게 제공했다. 이와 같은 정보를 '공개 출처 정보OSINT, 이하 오신트'라고 하는데, 이것은 개전 초 Space-X로부터 지원되고 있는 스타링크로 인해 활성화됐다.

우크라이나 국민들의 '오신트' 활동은 다양하다. 상당수는 러시아군의 정확한 위치를 파악할 수 있도록 주변의 지형과 함께 러시아군의 활동 사진을 찍는다. 일부는 드론을 운용하여 러시아군의 전반적인 규모를 파악하기 위해 영상을 촬영한다. 아마추어 무선 동호회원들은 러시아군의 통신 내용을 감청하고, 러시아군의 주요 장비와 시설에서 방출되는 전파를 탐지한다.

우크라이나 국민들이 사용하는 SNS는 그 종류가 다양하다. 우크라이나 IT 전문가들은 여러 종류의 SNS를 하나로 묶어 관리할 수 있는 통합 SNS 플랫폼을 개발했다. 앞서 언급한 다양한 오신트를 종류별로 빅데이터화할 수 있게 한 것이다. 또한, 이들은 실제 지형 정보와 오신트를 비교·분석하여 러시아군의 위치 정보를 파악하는 기초적인 수준의 인공지능 기술인 'Media Monitoring Bot'을 통합 SNS 플랫폼에 덧입히고 있다.

우크라이나군은 군사 작전을 수행하기 위해 이와 같은 오신트를 적극적으로 활용했다. 예를 들어, 우크라이나군은 오신트를 통해 파악된 러시아군의 규모와 위치를 분석하여 차후 매복할 지역을 선정한다. 또한, 오신트를 통해 주변보다 전파가 많이 발생하는 지역이 확인되면 드론이나 인간 정보로 최종 확인한 뒤 정밀 타격한다. 실제로 우크라이나 군사 정보팀은 오신트로 수집한 전파 정보를 바탕으로 러시아군의 지휘관들을 선별적으로 타격했다.

러시아군은 2022년 2월 24일부터 우크라이나의 수도인 키이우를 점령하기 위해 파상 공세를 전개했으나 실패했다. 그 결과 러시아군은 3월 25일부로 군사작전 목표를 우크라이나 전체에서 남동부 지역으로 한정하여 새로운 공격을 준비했다. 러시아군은 곧바로 강력한 화력 전투를 전개하여 우크라이나 차량화 보병여단이하 '차보여단'이 방어 중인 리시칸스크 지역우크라이나 동부 교통의 요충지 의 북쪽과 남쪽으로 종심 깊게 공격해 들어갔다.

러시아군은 이런 호기를 활용하기 위해 리시칸스크 북쪽에 위치한 시베르스키도네츠강을 도하하여 동쪽으로 돌출된 차보여단의 퇴로를 차단하려고 시도했다. 하지만 차보여단은 국제 사회의 위성 정보, 민간의 감청 정보, 자체적인 드론 정찰 등을 통해 이런 러시아군의 의도를 간파하고 있었다. 차보여단은 러시아군이 부교를 설치하고 있는 동안 어떠한 전투 행동도 하지 않았다. 다만 도하 지점 주변에 전개한 러시아군의 전차, 장갑차, 전술 차량의 표적 정보위치를 실시간 최신화했을 뿐이다.

러시아군 전력의 3분의 2가 강을 건너자, 우크라이나 차보여단은 움직이기 시작했다. 차보여단의 정찰대는 대전차 미사일 공격으로 러시아군 선두를 멈춰 세웠다. 이와 동시에 드론의 레이저 표지로 유도되는 스마트 포탄으로 도하 직전에 있는 러시아군 후미를 정밀 타격했다. 이후 우크라이나 차보여단은 화력을 총동원하여 앞뒤가 가로막힌 러시아군을 집중적으로 타격했다.

동일 표적에 대한 중복 타격으로 낭비되는 화력은 없었다. 모든 표적에는 인공지능 기술로 위치 값이 실시간 할당되었기 때문이었다. 그 결과 러시아군의 전차, 장갑차, 전술 차량 등 73대가 동시에 파괴되었고, 1,000명 이상의 전사자가 발생했다.

우크라이나 특수작전부대도 인공지능 기술이 적용된 군집형 자폭 드론인 'Phoenix Ghost'를 운용했다. 이것은 미군의 전략자산으로 아직 그 실체가 명확하게 밝혀지지 않았다. 그렇지만 여러 오픈 소스를 통해 다음과 같은 방법으로 운용됐다는 것을 추정할 수 있다.

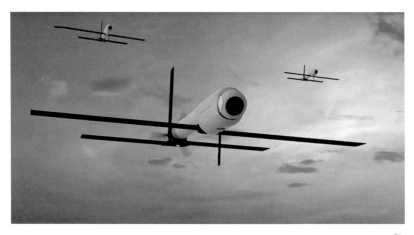

[그림 11-2] 군집 대형을 유지하면서 비행하고 있는 'Phoenix Ghost' 모습[2)]

우선, 특수작전부대는 'Phoenix Ghost'를 운용하기 위해 크름반도 지역에 거주하는 친 우크라이나 성향의 주민들로부터 SNS를 통해 러시아군의 병참 시설 관련 정보를 제공받는다. 이어서 관련 정보를

---

2) https://www.inform.zp.ua/ru/2022/11/05/167579_amerikanskie-bespilotniki-protiv-iranskih-mopedov-chto-izvestno-o-dronah-phoenix-ghost/

분석하여 러시아군 병참 시설의 대략적인 위치를 파악하고, 정찰 드론을 띄워 분산되어 있는 병참 시설의 세부적인 위치 정보와 이미지를 획득한 후 자폭 드론에 타격 정보를 입력함으로써 작전 준비를 마친다.

다음으로, 특수작전부대는 정찰 드론과 군집형 자폭 드론을 함께 운용하면서 작전을 전개한다. 이때 정찰 드론은 러시아군 군수 시설의 위치 변화를 최종적으로 확인하고, 공중에서 배회하던 자폭 드론들은 사전 입력된 타격 정보에 따라 분산된 시설들을 향해 삼삼오오 돌진한다. 이 과정에서 인공지능 기술은 'Phoenix Ghost'의 군집 대형 유지, 표적 이미지 식별, 최적의 타격 대형 형성 등을 지원하여 정밀 타격 효과를 증대시켰다. 특수작전부대는 이와 같은 방법으로 러시아군의 병참 시설을 집중적으로 타격했다. 그 결과 러시아군의 전력은 급격히 저하되었고, 우크라이나군은 전세를 역전시켜 반격작전에 나설 수 있게 되었다.

▚ 챗GPT가 변화시킬 미래전의 모습은?

ChatGPT는 인터넷에 존재하는 거대한 데이터를 기반으로 학습하면서 자연어 처리 기술을 적용하여 사용자와 대화를 주고받는 OpenAI에서 개발한 혁신적인 인공지능 모델이다. 이런 ChatGPT의 군사적 효용성은 매우 높을 것으로 보인다. 인터넷에 축적된 빅데이터를 기반으로 기계학습을 함으로써 무력 사용의 효율성과 효과성을 향상시킬 수 있기 때문이다. 현재 자연어 처리에 대해서만 학습되어 있는 ChatGPT는 향후 텍스트뿐만 아니라 이미지, 영상, 소리, 전파 등의 메타데이터를 분석할 수 있는 차세대 모델로 진화하게 될 것이다. 이로 인해 기존 및 새롭게 등장하고 있는 전쟁의 주체들은 ChatGPT를 군사작전에 접목하기 위한 행동에 본격적으로 착수할 것으로 보인다.

실제로 우리나라를 비롯한 세계 군사 강국들은 ChatGPT에 적용된 방법론을 활용하여 'AI 전투참모'를 개발하고 있다. AI 전투참모는 초연결 네트워크를 통해 실시간 획득한 다양한 전장 정보를 기반으로 신속·정확한 결심을 지원하기 위한 최적의 방책을 생성하여 지휘관에게 제공한다. 특히 미 육군은 2028년까지 민간요소가 즐비한 메가시티에서 작전 수행에 필요한 소부대용 AI 전투 참모 개발에 박차를 가하고 있다.

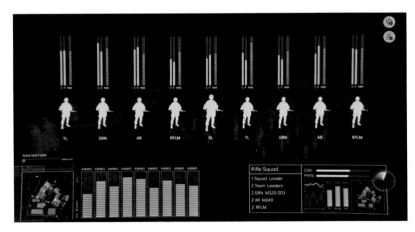

[그림 11-3] 미 육군이 메가시티에서 작전하기 위해 개발 중인 'AI 전투참모'가 분대원들의 전투력을 분석하고 있는 모습[3]

---

3) https://www.youtube.com/watch?v=5T28jZIwHnU

이처럼 ChatGPT에 활용된 인공지능 기술들은 이미 군사 분야에 적용되고 있다. 역사적으로 새롭게 출현한 과학 기술은 전쟁의 패러다임을 바꿔놓았다. 현재의 ChatGPT뿐만 아니라 향후 기술적 범용성이 확대되는 차세대 ChatGPT도 앞으로의 전쟁에 상당한 영향을 미칠 것이다. 여기서는 앞서 언급한 우-러 전쟁에서의 새로운 전쟁 모습이 차세대 ChatGPT에 의해 어떻게 진화할 것인가를 전망해 보고자 한다.

■ '오신트' 지능화전(戰)이 온다

우크라이나 국민들은 SNS를 통해 러시아군 관련 이미지, 영상, 소리, 전파, 감청 내용의 오신트를 군에 실시간 제공했다. 이러한 메타데이터들을 지역·시간대별로 구분하여 빅데이터를 구축한 후 차세대 ChatGPT로 분석한다면 적의 능력, 의도 및 강·약점을 파악할 수 있을 것이다. 무엇보다도 생성형 알고리즘의 특성을 활용하여 학습한다면 적의 차후 행동도 예측할 수 있을 것이다. 또한, 적의 차후 행동을 기준으로 아군의 싸우는 시간, 장소, 방법 및 수단도 강화학습을 통해 최적화할 수 있을 것이다. 이를 통해 현장 지휘관과 전투원들은 누구나 '오신트 기반의 지능화전'을 수행할 수 있게 된다.

[그림 11 - 4] 인공지능AI으로 미디어에 노출된 영상 자막, 위치, 기사, 로고 등의
데이터를 종합적으로 분석하여 정보를 획득하는 오신트 분석 시스템[4)

우크라이나군은 군 전용 정보관리체계인 GIS - Arta로 최적의 타
격 수단을 정함으로써 통합 화력의 효과를 극대화했다. 인터넷은 구
글 어스와 같은 3차원 지형 정보, 무기 백과사전, 무기 효과 평가 데
이터를 제공한다. 이와 같은 환경에서 차세대 ChatGPT는 드론 정찰
로 촬영된 이미지나 영상을 분석하여 구글 어스 위에 적 인원, 장비
및 물자를 표적화하고, 무기 백과사전에 접속하여 표적별 강·약점을
도출할 수 있다.

우크라이나 특수작전부대는 군집형 자폭 드론을 운용하여 광범위
한 지역에 분산돼 있는 러시아군의 병참 시설을 파괴했다. 특수작전부

---

4) https://www.hensoldt-analytics.com/2022/08/22/free-osint-tools-for-person-of-interest-investigations/

대의 공격이 거세지자 러시아군은 병참 시설을 작은 단위로 분산하여 차폐시키기 시작했다. 이로 인해, 특수작전부대는 자폭 드론을 운용하기 위해 주민들이 제공한 SNS 정보, 정찰 드론 운용 결과, 인간 정보를 종합적으로 교차 검증하는 복잡한 과정을 거치고 있다. 차세대 ChatGPT는 이런 복잡한 과정을 극복하는 단초를 제공할 수 있다. 작전지역에 대한 위성·항공 사진이나 주민들이 제공한 오신트가 시간대별로 축적되어 있다면 기계학습된 차세대 ChatGPT는 러시아군의 병참시설을 실시간 추적하면서 군집형 자폭 드론에게 신속·정확한 표적 정보를 제공할 수 있기 때문이다.

■ '챗GPT의 역설'이 온다

앞서 언급한 현재와 차세대 ChatGPT가 변화시킬 미래전 양상은 얼핏 우크라이나군처럼 한 국가의 국방과 안보를 책임지는 정규군에게 유리한 것처럼 보인다. 하지만 여기서 두 가지 사항을 염두에 둘 필요가 있다. 첫째, 서두에서 언급한 것처럼 전쟁의 주체는 글로벌 IT 기업, 용병, 사이버 조직, SNS 사용자, 자원병으로 세분화됐다. 둘째, 4차 산업혁명의 주요 기술이 보편화됨에 따라 누구든지 첨단 과학 기술을 활용할 수 있다. 물론 현재의 ChatGPT는 세계적 일류 기업 외에는 컴퓨팅 파워가 제한되며, 인공지능AI 모델 학습에 천문학적 비용이 소요된다.

그렇지만 인공지능AI 모델을 압축하여 효율성을 향상시키는 연구들도 진행되고 있기 때문에 미래에는 보편화될 수 있을 것이다. 이에 따라, 미래 전장에서는 국가에 속한 군뿐만 아니라 누구든지 차세대 ChatGPT로 대표되는 강력한 인공지능을 군사적 목적으로 사용할 수 있게 될 것이다. 규모가 작은 전쟁의 주체들도 국가에 버금가는 무력을 발휘할 수 있는 계기가 마련된 것이다.

이들은 전쟁의 양상을 복잡하게 만들 수 있다. 이번 우-러 전쟁에서는 IT 기업, 해커 조직, 용병 집단 등과 같이 과거보다 더욱 다양한 형태의 비국가 행위자들이 등장했다. 앞으로는 ChatGPT를 비롯한 첨단 과학 기술을 활용할 수 있는 소규모의 전쟁 주체들이 더욱 다양한 형태로 등장할 가능성이 높다. 이들은 특정 국가와, 또는 특정 국가들을 대리하여 자신들끼리 전쟁을 벌일 수도 있을 것이다. 즉 국가 차원이 아니라 조직이나 단체 차원에서 전쟁이 발발할 수도 있다는 의미이다.

또한, 첨단 과학 기술을 덧입은 소규모 전쟁 주체들은 전쟁의 피해를 증대시킬 수 있다. 전통적인 전쟁의 주체인 국가와 이들이 합세한다면 무력의 강도와 치명성은 높아질 수밖에 없다. 이들이 권위주의 국가나 테러 조직에 가담할 경우 그 피해는 극심해질 수 있다. 이 둘은 기본적으로 군사적 목적을 달성하기 위해 수단과 방법을 가리지 않는 경향이 있기 때문이다. 따라서 이들이 법과 윤리를 따라 ChatGPT를 활용할 수 있도록 국제적 공감대가 형성된 가운데, 국제법을 제정할 필요가 있다.

그렇다면 ChatGPT는 기회인가? 아니면 도전인가? 특정 국가가 자국의 군사력에 ChatGPT를 덧입혀 지능화한다면 이것은 분명히 기회가 될 것이다. AI 제갈공명을 얻게 되는 것이다. 하지만 앞서 강조했듯이 권위주의 국가나 테러 조직에서 ChatGPT를 사용할 경우 치명적인 결과를 초래할 수 있다. 해커나 사이버 조직에 의해 조작된 데이터를 사용하는 ChatGPT는 얼마든지 민간 피해를 야기할 수 있다. 이런 상황은 분명히 도전이다.

결과적으로 ChatGPT는 인터넷에 자리를 잡고 있기 때문에 누구에게나 기회이자 도전이 될 수 있다. 필연적으로 국방과 안보를 책임지고 있는 군은 'ChatGPT의 역설'에 직면하게 되는 것이다. 따라서 미래전의 징조Weak Signal 중 하나인 ChatGPT를 기회로 활용하기 위해 지금부터 민·관·군·산·학·연이 함께 지혜를 모아야 할 것이다.

부록

챗GPT 초보자도
쉽게 따라 하기

부록 챗GPT 초보자도 쉽게 따라 하기

슬기로운 AI 생활

조용호
(글로벌미래교육원 원장)

이번 부록에서는 ChatGPT 가입부터 효율적으로 사용할 수 있게 도와주는 크롬 확장 프로그램에 이르기까지 알아보고 ChatGPT를 실생활에서 활용할 수 있는 방법들에 대하여 살펴본다.

1. 챗GPT 회원 가입 및 기본 사용법

• 챗GPT 회원 가입

ChatGPT는 별도의 프로그램 설치 없이 웹사이트에서 이용할 수 있는 서비스로, 아래의 링크를 통해 접속이 가능하다.

☞ ChatGPT 접속 링크: https://chat.openai.com/chat

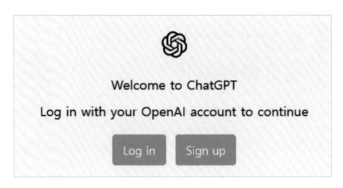

[그림 1] ChatGPT 최초 접속 화면

신규 방문자는 Sign up을 통해 회원 가입을 하고, 기존 가입자는 Log in을 눌러 접속하면 된다.

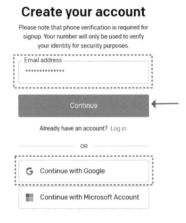

[그림 2] ChatGPT 회원 가입 화면

ChatGPT는 회원 가입 후 이용이 가능하다. 이메일이나 소셜 로그인구글, MS을 통해 회원 가입을 할 수 있으며, 이메일 주소로 가입 시 계정 확인 절차가 있으므로 구글 계정으로 접속을 권장한다.

- 기본 사용법

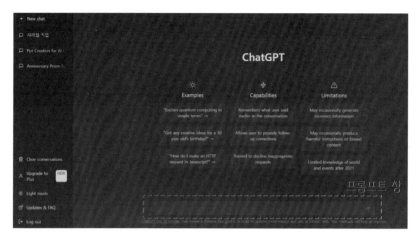

[그림 3] ChatGPT 접속 후 초기 화면

하단의 프롬프트 창에 궁금한 사항을 질문하면 된다. 질문은 구어
체로 해도 상관이 없으나 되도록이면 구체적으로 질문을 해야 좀 더
정확한 답변을 얻을 수 있다. 다만 아직까지는 한글 데이터가 부족하
여 질문을 영문으로 하기를 권장하며, 한글로 질문 시에도 답변이 영
문으로 나오는 경우가 있는 편이다.

[표 1] 영어와 한글 프롬프트 사용 시 장단점 비교표

구분	영어 프롬프트	한글 프롬프트
답변 속도	빠름	느림
답변 반응	대부분 답변을 끝까지 마침	답변 중간에 멈추는 현상이 있음
답변 품질	좋은 편임	질문 내용에 따라 품질과 결과의 양에
결과의 양	많은 편임	편차를 보임

[표 1]과 같이 아직까지는 한글로 프롬프트 이용 때 여러 가지 불편한 점이 많다. 영어를 사용해야 하므로 한글 사용자에게 제약 사항이 많이 있지만, 웹브라우저로 크롬을 사용하게 되면 확장 프로그램을 이용하여 좀 더 편리하게 사용할 수 있는 방법이 있다. 이 부분은 뒤에서 살펴볼 예정이다.

2. 챗GPT 사용 시 꼭 필요한 확장 프로그램

☞ chrome 웹 스토어 접속 링크:

https://chrome.google.com/webstore/category/extensions?hl=ko

앞에서도 얘기한 바와 같이 ChatGPT 이용 시 크롬 브라우저 사용을 권장하며, 특히 활용도가 높은 여러 가지 확장 프로그램을 설치하게 되면 훨씬 편리하게 이용할 수 있다.

- **ChatGPT for Google**: ChatGPT 응답과 검색 엔진 결과를 함께 표시

[그림 4] chrome 웹 스토어에서 검색된 ChatGPT for Google

확장 프로그램을 크롬 브라우저에 설치 후 구글에 접속하여 검색 시 검색 결과 오른쪽에 ChatGPT가 실행되어 검색 결과를 같이 볼 수 있어 좀 더 정확한 데이터를 얻는 데 도움을 받을 수 있다.

[그림 5] 크롬 브라우저에서 구글을 이용하여 검색 시 ChatGPT 실행 사례

- 프롬프트 지니: ChatGPT 자동 번역기

[그림 6] chrome 웹 스토어에서 검색된 프롬프트 지니

ChatGPT를 사용 시 질문을 영어로 번역해 주고, 답변도 한글로 번역해 주는 번역기이다. ChatGPT에 한글로 질문하면 답변이 느리고, 내용도 풍부하지 않을 수 있으므로 프롬프트 지니를 먼저 설치한 다음, ChatGPT를 사용해 보기 바란다.

[그림 7] '프롬프트 지니' 설치 후 ChatGPT 프롬프트 창에 반영된 모습

맨 하단 프롬프트 창에 한글로 질문을 입력하면 자동으로 한글을 영어로 바꿔서 질문하고, 답변도 한글로 번역해 준다. 이로 인해 한글 입력 시보다 빠른 응답과 긴 문자수 출력, 출력 중간 잘림 현상도 최소화해 준다. 특히 이 앱은 국내의 ChatGPT 사용자 모임에서 만들어진 토종 앱으로 2023년 1월 8일에 첫 버전이 출시된 앱으로 그 의미가 크다고 할 수 있다.

- YouTube Summary with ChatGPT: 유튜브 스크립트 요약

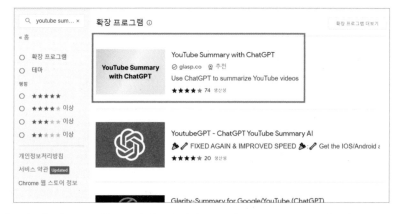

[그림 8] chrome 웹 스토어에서 검색된 YouTube Summary with ChatGPT

'YouTube Summary with ChatGPT'는 OpenAI의 ChatGPT AI 기술로 우리가 자주 접하는 YouTube 동영상 요약에 빠르게 액세스할 수 있는 무료 Chrome 확장 프로그램이다. 이 확장 프로그램을 사용하게 되면 영상 내용을 파악하는 데 시간을 절약할 수 있다.

[그림 9] 유튜브에서 YouTube Summary with ChatGPT가 실행된 모습

이 확장 프로그램을 설치하고 유튜브에 접속 후 우측 상단을 클릭하면 해당 영상을 보지 않아도 영상의 내용을 충분히 알 수 있는 장점이 있다.

3. 챗GPT의 숨겨진 기능

ChatGPT를 사용해 보면 가끔 맞지 않는 내용을 얘기하거나, 창의적인 내용을 가상으로 꾸며 사실인 것처럼 얘기할 때가 있다. 반대로 창의적이지 않고 너무 일반적인 이야기를 할 때도 있다. 이러한 것을 내부적으로 조절할 수 있는 대표적인 파라미터 3가지를 알아보고 실제로 어떻게 사용되고 조절되는지 살펴보고자 한다.

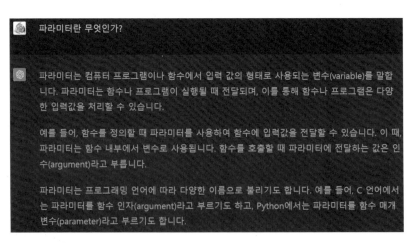

[그림 10] 파라미터가 무엇인지를 ChatGPT가 답변한 내용

파라미터를 잘 활용하면 예측이 가능한 범위 내로 정확성을 올릴 수 있고, 반대로 무작위로 생성할 수 있도록 하여 좀 더 창의성 있는 답변을 얻을 수 있는 용도로 이용할 수 있게 된다.

• Top-P

GPT 모델에서 사용되는 샘플링 기술 중 하나로 이 기술은 다음 단어를 예측할 때 가능한 단어 중에서 확률이 가장 높은 상위 p개의 후보를 선택한 후, 이 후보 집합에서 무작위로 단어를 선택하여 샘플링을 한다.

즉 Top-p 샘플링은 이전 단어로부터 다음 단어를 생성할 때 가능한 후보 중 가장 가능성이 높은 상위 p개의 단어를 선택하는 것이다. 이 기술은 샘플링 결과를 다양하게 유지하면서도 일관된 예측을 보장하는 방법으로 p값이 낮을수록 보수적인 예측이 이루어지며, p값이 높을수록 더 다양한 예측이 이루어진다.

예를 들어, Top-p 샘플링에서 p=0.9라면, 모델은 다음 단어를 선택할 확률이 가장 높은 상위 90%의 단어만 고려하여 샘플링을 한다. 이 방법을 사용하면 과도한 예측 중복을 줄이고 보다 다양한 문장을 생성하는 데 도움이 될 수 있다. 반대로 p=0.01로 설정하면 상위 1%의 단어만 고려한다는 것이다.

이제 ChatGPT에 상기의 파라미터를 활용하여 '20대 연인을 위한 10행 시'를 Top-p 0.1과 0.9로 설정하여 질문해 보자.

| [그림 11] Top‒p 0.1로 답변한 ChatGPT | [그림 12] Top‒p 0.9로 답변한 ChatGPT |

상기의 [그림 11]과 [그림 12]에서 보듯이 똑같은 질문에 Top‒p 0.1로 설정할 때보다 Top‒p 0.9로 설정 시 좀 더 상상력이 풍부한 결과가 나온 것을 알 수 있다.

• Temperature

Top‒p와 비슷하게 쓰이고 있으며, ChatGPT에서 Temperature는 생성 모델이 다음 단어를 예측할 때 사용되는 소프트맥스 함수의 온도 매개변수이다. 소프트맥스 함수는 입력값을 확률 분포로 변환하며, Temperature 값이 높을수록 생성된 확률 분포의 분산이 커지고, 값이 낮을수록 분산이 작아진다.

예를 들어, ChatGPT가 다음 단어를 예측하는 경우, 가능한 단어의 확률 분포를 계산하는데 Temperature가 높으면 모델은 더 다양한 단어를 고려하여 확률 분포를 생성할 수 있으며, 이에 따라 예측 결과의 다양성이 증가한다. 반면 Temperature가 낮으면 모델은 덜 다양한 단어를 고려하여 확률 분포를 생성하며, 이에 따라 예측 결과의 다양성이 감소한다.

ChatGPT에서 Temperature 값은 일반적으로 0.7~1.0 사이의 값을 사용하며, 이 값은 다양성과 일관성 사이의 균형점을 찾기 위해 조정될 수 있다. 창의적으로 다양한 단어를 선택하려면 Temperature 값을 1에 가깝게 하고, 좀 더 정확한 대답을 하도록 유도하려면 Temperature 값을 낮게 가져갈수록 좋다.

Top-p와 Temperature가 비슷한 파라미터처럼 보이지만 물리적으로 제한을 두고 후보군을 정하거나, 또는 각각의 단어들 모두에 대한 확률을 비슷하게 가져가는 조건으로 할 것인지에 따라 활용도의 차이가 있다.

• Beam Width

언어 모델에서 다음 단어를 생성을 할 때 후보군을 어느 정도의 Width로 선택할 것인지 결정하는 것으로 숫자 값이 100에 가까울수록 후보군을 넓게 가져간다는 것을 의미한다. 그러므로 계산하는 데 시간이 더 걸릴 수가 있다.

예를 들어 ChatGPT에 Beam Width 설정하여 질문을 해보면, 다음과 같이 Width 숫자 값이 100에 가까울수록 다양한 단어를 사용하고 있다는 것을 알 수 있다.

대한민국에서 열린 1988년 올림픽을 작가의 느낌으로 8문장으로 써줘

1. 1988년 대한민국에서 열린 올림픽은 역사적인 순간이었다.
2. 전 세계가 주목하는 이번 대회에서 대한민국은 자신의 역량을 증명했다.
3. 스포츠 경기장과 관련 시설들은 화려하게 장식되어 눈부셨다.
4. 국민들은 열정적으로 응원하며 대한민국을 대표하는 선수들에게 힘을 줬다.
5. 올림픽의 성공적 개최로 인해 대한민국의 국제적 지위가 높아졌다.
6. 이번 대회는 대한민국의 문화와 역사를 전 세계에 알리는 계기가 되었다.
7. 올림픽을 준비하며 대한민국은 기술력과 인프라를 발전시키는 기회를 가졌다.
8. 1988년 올림픽은 대한민국이 세계적으로 인정받는 나라로 성장하는 데 큰 역할을 했다.

[그림 13] Beam Width를 적용하지 않은 ChatGPT 답변

대한민국에서 열린 1988년 올림픽을 작가의 느낌으로 8문장으로 써줘. Beam Width를 10으로 해줘

1. 1988년, 대한민국에서 열린 올림픽은 미래로 나아가는 대한민국의 모습을 보여주는 기념비적인 순간이었다.
2. 세계 각국의 운동 선수들이 한자리에 모여 최고의 경기를 펼치면서, 대한민국의 역사도 함께 새로 쓰여졌다.
3. 서울의 길거리는 열정과 희망으로 넘쳤고, 대한민국 인구 대비 초대형 경기장과 최첨단 시설은 대단원의 성원을 받았다.
4. 또한, 이를 기념하는 대규모 문화 행사와 축제는 전 세계인의 찬사를 받았으며, 올림픽을 통해 대한민국은 세계의 무대에 한층 더 크고 빛나는 모습을 보여주었다.
5. 이렇게 역사적인 1988년 올림픽은 대한민국의 개방과 발전을 상징하는 사건으로 기억되며, 그 영광과 열정은 여전히 대한민국 국민들의 자부심이다.
6. 세계 각국의 인종과 문화가 어우러지며, 평화와 우정의 메시지를 전하는 1988년 서울 올림픽은 인류의 가치를 다시금 확인시켜주었다.
7. 대한민국은 이를 계기로 세계적으로 인정받는 나라가 되었으며, 이제는 세계적인 스포츠 대회를 성공적으로 개최하는 나라로 자리 잡았다.
8. 마지막으로, 올림픽은 뿐만 아니라 대한민국의 국제적 지위를 높이는 계기가 되었으며, 대한민국의 역사적인 순간으로 남을 것이다.

[그림 14] Beam Width를 '10' 적용한 ChatGPT 답변

대한민국에서 열린 1988년 올림픽을 작가의 느낌으로 8문장으로 써줘. Beam Width를 100으로 해줘

1. 1988년 서울 올림픽은 대한민국 역사상 가장 큰 규모의 국제 스포츠 대회였습니다.
2. 올림픽이 열리기 전, 대한민국은 국제적으로 경제적인 어려움을 겪고 있었습니다.
3. 하지만 올림픽은 대한민국의 발전을 상징하는 중요한 이벤트로 자리 잡았습니다.
4. 많은 국가들이 참가하며, 경기장에서는 열정적인 응원과 함께 선수들의 역사적인 순간이 펼쳐졌습니다.
5. 대한민국 선수들도 이번 올림픽에서 많은 금메달을 따내며, 국민들의 자부심을 끌었습니다.
6. 이를 계기로 대한민국은 국제사회에서 인식되는 발전한 국가로 자리 잡게 되었습니다.
7. 1988년 서울 올림픽은 대한민국 역사상 가장 기념할 만한 순간 중 하나이며, 국민들에게 큰 자부심과 기쁨을 선사했습니다.
8. 이제는 35년이 지나 대한민국의 스포츠 역사 속에서도 가장 큰 이벤트로 기억되고 있습니다.

[그림 15] Beam Width를 '100' 적용한 ChatGPT 답변

여러분들이 이제까지 주로 사용한 웹 검색 시에도 검색 연산자를 얼마나 잘 활용하느냐에 따라 검색의 결과가 달라지듯이 ChatGPT 이용시 상기의 3가지 파라미터를 적절히 활용한다면 내가 원하는 답을 좀 더 구체적으로 알 수 있게 될 것이다.

4. 챗GPT 활용하여 간단하게 유튜브 영상 만들기

ChatGPT를 활용하여 다양한 분야에서 접목하는 작업이 여기저기서 이루어지고 있다. 너무나 많은 부문에서 활용이 가능하지만 여기에서는 영상을 아주 쉽게 제작하는 방법을 소개하고자 한다.

많은 사람이 유튜버에 도전하지만, 한 딜도 안 돼 승도 탈락하는 경우가 많다. 왜냐하면 지속적으로 영상을 제작하는 데 너무 많은 시간이 소요되기도 하고 콘텐츠를 계속 만들어 낼 수 없기에 더욱 그렇다. 하지만 이런 걱정은 이제 하지 않아도 된다. 왜냐하면 ChatGPT가 자동으로 영상 제작용 콘텐츠 원고를 작성해 주기 때문이다. 이뿐만 아니라 원고만 있으면 인공지능이 언제든지 영상을 만들어 주는 사이트가 있다. 이제 누구나 인기 유튜버로 성장할 수 있는 '기회의 창'이 열려 있으니 선택만 하면 될 것이다.

- 관심이 있는 분야를 선정한 후, ChatGPT에 해당 분야에 대한 영상 콘텐츠 제작을 위한 주제 선정을 요청한다.

🖐 가상화폐에 관한 유튜브 영상 제작을 위한 주제 5개를 말해줘

🖥 네, 다음은 가상화폐에 관한 유튜브 영상 제작을 위한 주제 5개입니다.

1. 가상화폐 거래 방법 및 안전성: 가상화폐를 거래하는 방법과 안전하게 거래하는 방법에 대해 설명하는 영상입니다. 거래 과정에서 주의해야 할 사항과 안전한 보관 방법 등을 다룹니다.
2. 가상화폐 시장 분석 및 예측: 가상화폐 시장의 동향과 전망을 분석하고 예측하는 영상입니다. 시장 분석 방법과 주요 가상화폐의 흐름에 대해 다루며, 예측을 위한 기술적 분석도 포함될 수 있습니다.
3. 가상화폐의 법적 측면과 규제: 가상화폐의 법적 지위와 규제에 대해 설명하는 영상입니다. 각 나라의 법적 상황과 규제 방향, 규제로 인한 영향 등을 다룹니다.
4. 가상화폐의 활용 사례와 가능성: 가상화폐가 활용되는 분야와 가능성에 대해 설명하는 영상입니다. 가상화폐의 장단점과 활용 사례, 미래 가능성 등을 다룹니다.
5. 가상화폐와 환경 문제: 가상화폐 채굴 등이 환경에 미치는 영향과 관련된 문제에 대해 다루는 영상입니다. 가상화폐의 에너지 소비 문제와 대안 등을 다룹니다.

[그림 16] ChatGPT에 유튜브 영상 제작을 위한 주제 선정 요청 글

• 챗GPT가 선정한 주제 가운데 1개를 선정 후, 다시 ChatGPT에게 해당 주제에 관한 원고 작성을 요청한다.

> 가상화폐 시장 분석 및 예측에 관한 유튜브 영상 제작용 원고를 써줘
>
> 안녕하세요. 가상화폐 시장 분석 및 예측에 관한 유튜브 영상 제작용 원고입니다.
>
> **1. 가상화폐 시장 분석**
>
> 가상화폐 시장은 빠르게 성장하고 있습니다. 현재 가상화폐 시장의 시총은 수조 달러에 이르며, 매년 새로운 가상화폐가 등장하고 있습니다. 이러한 상황에서 가상화폐 시장을 분석하는 것은 매우 중요합니다.
>
> **1.1 가상화폐 시장 분석 방법**
>
> 가상화폐 시장 분석에는 여러 가지 방법이 있습니다. 그 중에서도 대표적인 방법은 다음과 같습니다.

[그림 17] ChatGPT에 유튜브 영상 제작용 원고 작성 요청 글

• 해당 원고를 인공지능으로 영상을 만들어 주는 'PICTORY'를 활용하여 자동으로 영상을 제작한다.

☞ PICTORY 접속 링크: https://pictory.ai/

[그림 18] PICTORY 사이트 메인 화면   [그림 19] PICTORY 로그인 화면

우측 상단의 로그인을 클릭한 후 '구글에 로그인Sign in with Google'
을 클릭하여 접속한다.

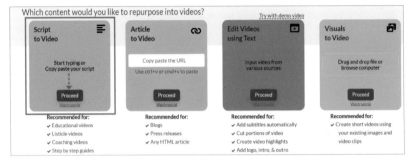

[그림 20] PICTORY 로그인 후 보이는 메뉴 화면

좌측에 있는 Script to Video의 'Proceed'을 클릭한다

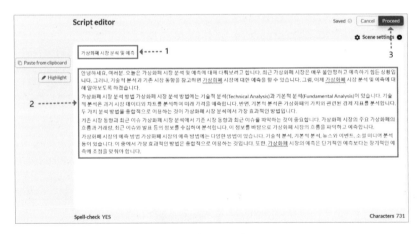

[그림 21] Script editor 화면

Script editor에서 제목을 입력하고 원고를 삽입한 다음, 우측 상단의 'Proceed'를 클릭한다.

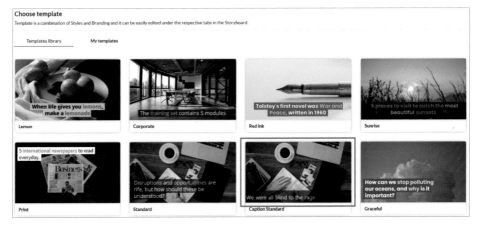

[그림 22] 템플릿을 선택할 수 있는 화면

템플릿 선택 화면에서 내가 원하는 템플릿을 클릭하면 잠시 후 자동으로 영상을 제작해 준다.

저자소개

총괄기획

이규연 Lee, Kyu-Youn

현) (사)미래학회 회장
현) JTBC 고문
현) KAIST 겸직교수, 한국외국어대학교 초빙교수
전) 중앙일보 논설위원

공동필진

방준성 Bang, Jun-Seong

현) covalz CEO/대표이사
현) 한국전자통신연구원 책임연구원
현) (사)미래학회 인공지능분과 분과장
전) 과학기술연합대학원대학교 교수

부경호 Buh, Gyoung-Ho

현) 한국에너지공과대학교 교수, 변리사
전) 특허청 심사관(반도체·디스플레이·2차전지)
전) 삼성전자 반도체연구소 책임연구원
전) 美국립표준기술원(NIST) Post-Doc

박제윤 Park, Je-Youn

현) 신경철학연구소 소장
현) 뇌신경철학연구회 좌장
현) (사)미래학회 감사
전) 인천대학교 기초교육원 초빙교수

김홍열 Kim, Hong-Yeol

현) 데이터정경 이사
현) (사)미래학회 편집위원
전) 성공회대학교 사회과학부 겸임교수
정보사회학 박사, IT 칼럼니스트

박범철 Park, Beom-Cheol

현) EY한영회계법인 고문
현) 광운대학교 기술경영학과 겸임교수
현) Co-Founder / IKS-US, San Jose, US
현) 한국산업기술평가관리원 전문위원

이재은 Lee, Jae-Eun

현) 널리지튜브 대표
현) 성균관대학교 겸임교수
전) kt 상무
공학박사, 기술사

이명호 Lee, Myung-Ho

현) 태재연구재단 자문위원
전) 창조경제연구회 상임이사
전) 삼성SDS 아메리카 컨설턴트
KAIST 기술경영 박사과정 수료

박병기 Park, Byung-Kee

현) 미국 벨헤이븐대학교 리더십 전공 국제 담당
현) 뉴저널리스트 투데이 편집장
현) 증강세계관학교 대표
현) 아우라 유니브 공동대표

윤기영 Yoon, Kee-Young

현) 한국외국어대학교 겸임교수
현) 에프엔에스컨설팅 미래전략연구소장
현) (사)미래학회 연구이사
전) PwC Director

배영재 Bae, Young-Jae

현) 아바트립 창업자
전) 카이스트 미래전략대학원 연구교수
전) 전자신문 전문기자
하와이주립대 미래학 박사

조상근 Cho, Sang-Keun

현) Small Warfare Society 학회장
현) (사)국방로봇학회 이사
전) 육군대학 전략학 전문교관
전) 육군미래혁신연구센터 미래전 연구 담당

조용호 Cho, Yong-Ho

현) 글로벌미래교육원(주) 원장
현) 인천기술창업진흥협회 부회장
현) 한국스마트워터그리드학회 이사
전) (사)한국강사협회 부회장

뉴사피엔스 챗GPT

초판 1쇄 인쇄   2023년   3월   21일
초판 1쇄 발행   2023년   3월   30일

저자   이규연, 방준성, 부경호, 박제윤, 김홍열, 박범철, 이재은,
           이명호, 박병기, 윤기영, 배영재, 조상근, 조용호
펴낸이   박정태
편집이사   이명수   감수교정   정하경
편집부   김동서, 전상은, 김지희
마케팅   박명준, 박두리   온라인마케팅   박용대
경영지원   최윤숙

펴낸곳   주식회사 광문각출판미디어
출판등록   2022. 9. 2 제2022-000102호
주소   파주시 파주출판문화도시 광인사길 161 광문각 B/D 3층
전화   031-955-8787   팩스   031-955-3730
E-mail   kwangmk7@hanmail.net
홈페이지   www.kwangmoonkag.co.kr

ISBN   979-11-982224-3-5 03320
가격   20,000원